Steffen Raßloff

Leipzig

55 Meilensteine der **Geschichte**

Menschen, Orte und Ereignisse,
die unsere Stadt bis heute prägen

Inhalt

JOHANN
SEBASTIAN
BACH

Leipzig
Metropole und Bürgerstadt

Leipzig blickt auf über 1.000 Jahre stolze Geschichte zurück. Von der ursprünglich slawischen Siedlung Lipsk, in der seit der Jungsteinzeit besiedelten Leipziger Tieflandsbucht gelegen, führt freilich keine gerade historische Linie hin zur dynamischen Metropole von heute. Kriege brachten oft Elend und Tod, allen voran die Völkerschlacht von 1813. An dieses weltgeschichtliche Ereignis erinnert eines der größten Nationaldenkmale. Auch das „Zeitalter der Extreme" im 20. Jahrhundert sorgte für Dämpfer der Stadtentwicklung. Leipzig konnte sich jedoch immer wieder von diesen Rückschlägen erholen.

Im späten Mittelalter begann der Aufstieg zur Handelsstadt unter Protektion der Kurfürsten von Sachsen. Dieser gipfelte im Status einer der wichtigsten Messestädte Europas. Die 1409 gegründete Universität zählt zu den ältesten Deutschlands, verbunden mit großen Gelehrten wie Gottfried Wilhelm Leibniz und Wilhelm Wundt. Die Alma Mater Lipsiensis macht Leipzig mit weiteren Hochschulen und der Akademie der Wissenschaften zu einem lebendigen Geisteszentrum. Die führende Buchstadt des 19. und 20. Jahrhunderts, in der zahlreiche Verlage angesiedelt waren, spiegelt sich in der Deutschen Nationalbibliothek und Leipziger Buchmesse.

Die wohlhabende Kommune entwickelte zugleich ein ambitioniertes Kulturleben. Für die Musikstadt stehen Namen von Weltrang wie Johann Sebastian Bach, Felix Mendelssohn Bartholdy, Robert Schumann und Richard Wagner ebenso wie der Thomanerchor und das Gewandhausorchester. Die Literaturstadt ist nicht nur mit Johann Wolfgang Goethe und Friedrich Schiller verbunden. Zu den kulturellen Flaggschiffen zählen das Museum der bildenden Künste und das Grassimuseum, aber auch ein lebendiges zeitgenössisches Kulturleben weit über die Neue Leipziger Schule hinaus.

Im 19. und frühen 20. Jahrhundert vollzog sich der Wandel zur Industriegroßstadt, befördert von visionären Unternehmern wie Carl Heine. Das Zentrum der demokratischen Nationalbewegung mit ihrem Märtyrer Robert Blum gewann auch für die Arbeiterbewegung große Bedeutung. Die viertgrößte Stadt Deutschlands dehnte sich rasant aus, die Innenstadt wurde mit Bürgerhäusern und Messepalästen im Gründerzeitstil überformt. 1839 nahm von Leipzig die erste deutsche Ferneisenbahn nach Dresden ihren Betrieb auf. Der imposante Hauptbahnhof steht mit Flughafen und Autobahnring für den modernen Verkehrsknoten.

All diese Entwicklungen verdanken sich neben der günstigen Lage an Fernhandelswegen und der Förderung durch den einstigen Landesherrn wesentlich dem Wirken der Leipziger. Im Gegensatz zur anderen sächsischen Metropole Dresden, der traditionellen Residenz- und Landeshauptstadt, versteht sich Leipzig als selbstbewusste Bürgerstadt. Eine ihrer Sternstunden war die Friedliche Revolution 1989. Die „Montagsdemo" am 9. Oktober 1989 läutete mit dem Ruf „Wir

Blick über die Leipziger Skyline mit Gründerzeit und Moderne.

sind das Volk!“ das Ende des SED-Staates ein. Damit gab die „Heldenstadt“ zugleich den Impuls für die deutsche Wiedervereinigung 1990.

In der DDR-Zeit von Verfall und Umweltverschmutzung bedroht, erlebte „Klein-Paris“ nun eine wahre Renaissance. Neben umfassender Sanierung und spektakulären Neubauten gehört hierzu auch das Leipziger Neuseenland. All dies sorgt für die Attraktivität des Tourismus-, Wirtschafts-, Wissenschafts- und Medienstandortes mit seinen 600.000 Einwohnern. Freizeiteinrichtungen wie der Zoo, die Sportanlagen und das Fußballstadion tragen hierzu ebenso bei wie die nicht nur in Stadtarchiv und Stadtgeschichtlichem Museum sehr präsente Geschichte sowie kulinarische Spezialitäten mit Tradition.

1 Seeigel und Pferdeköpfe
Vorgeschichte im Raum Leipzig

Die Vorgeschichte des Raumes Leipzig wirft erste Schlaglichter auf unsere frühesten Vorfahren. Heraus ragt hierbei ein bei Eilenburg gefundenes Schieferplättchen mit eingeritzten Pferdeköpfen, das als ältestes Kunstwerk Sachsens gilt.

Die Ur- und Frühgeschichte des Raumes Leipzig wirft spektakuläre Schlaglichter auf die noch schriftlose Vorzeit. Mit den ersten Urmenschen der Altsteinzeit beginnend entstanden und vergingen nur durch archäologische Funde fassbare Kulturen. Die zahlreichen im Staatlichen Museum für Archäologie Chemnitz präsentierten Funde bieten erste Anhaltspunkte für die Entwicklung der menschlichen Zivilisation. Zunächst handelt es sich dabei vor allem um die namensgebenden Steinwerkzeuge. Aus einem Steinkern gewonnene Faustkeile dienten als Werkzeuge zum Ausweiden erlegter Tiere, Abschaben von Fellen, Anspitzen von Holzgeräten usw. Kleinere Abschläge nutzte man als Speerspitzen, Dolche oder Schaber. Zu den ältesten anschaulich vermittelten Fundorten unserer frühesten Vorfahren gehört Markkleeberg unmittelbar südlich von Leipzig. Neben Feuersteinen des Altmenschen fanden sich dort versteinerte Seeigel, die vermutlich aus ästhetischen Gründen aufbewahrt wurden. Die ergiebige Fundstelle datiert auf 280.000 v. Chr.

An verschiedenen Orten finden sich Zeugnisse des den Neandertaler verdrängenden Jetztmenschen vor ca. 30.000 Jahren. Die Jagd trat in jener letzten großen Kaltzeit in den Vordergrund. Der Mensch folgte den großen Tierherden, etwa den Wildpferden, lebte in mobilen Zeltsiedlungen oder in Höhlen. Highlight unter den Funden dieser Periode ist ein nordöstlich von Leipzig bei Eilenburg gefundenes Schieferplättchen mit eingeritzten Pferdeköpfen von etwa 12.000 v. Chr. Es stellt die älteste bildliche Darstellung von Menschenhand und damit das älteste Kunstwerk in Sachsen dar. Der Kapellenberg bei Groitzsch gilt als einer der ertragreichsten Grabungsorte der ausgehenden Altsteinzeit.

Der bahnbrechende Schritt vom Jäger und Sammler zum Ackerbauern und Viehzüchter vollzog sich in der Jungsteinzeit. Eine wichtige klimatische Voraussetzung war der Übergang vom altsteinzeitlichen Eiszeitalter mit seinen Kalt- und Warmperioden zur heutigen Warmzeit vor ca. 10.000 Jahren. Die „neolithische Revolution" begann im 9. Jahrtausend v. Chr. in Kleinasien. Um 5.500 v. Chr. tauchen die ersten sesshaften Bauern in Sachsen auf, besonders in fruchtbaren Landschaften wie dem Raum Dresden-Meißen und der Oberlausitz. Auch das heutige Stadtgebiet von Leipzig, in der fruchtbaren Leipziger Tieflandsbucht gelegen, gehörte zu den frühen Siedlungszentren der Jungsteinzeit. So wurden auf dem Matthäikirchhof

Hinterlassenschaften der bandkeramischen Kultur aus jener Epoche entdeckt, benannt nach den typischen Verzierungen der mit der Sesshaftwerdung auftretenden Keramikgefäße. Auch Funde der Kugelamphorenkultur sind bekannt. Einen weiteren wichtigen Schub erhielt die menschliche Zivilisation mit der Nutzung des Metalls in Bronze- und Eisenzeit vom 2. Jahrtausend v. Chr. bis zur Zeitenwende, mit der allmählich die Geschichte im engeren Sinne einsetzt. Die Bronzezeit konnte in Leipzig unter anderem durch Urnen mit Leichenbrand auf den Geländen des Südfriedhofes und des ehemaligen Dominikanerklosters dokumentiert werden.

Das Schieferplättchen mit Pferdeköpfen aus Groitzsch (12.000 v. Chr.) gilt als ältestes Kunstwerk in Sachsen.

2 Lindenort
Das slawische Lipsk

Leipzig geht wie viele sächsische Städte und Gemeinden auf eine slawische Siedlung aus dem 7. bis 10. Jahrhundert zurück. Aus dem „Lindenort" Lipsk wurde allmählich und weitgehend friedlich durch viele Neusiedler die deutsche Stadt Leipzig.

Die Leipziger Stadtgeschichte im engeren Sinne beginnt mit der germanischen Besiedlung um die Zeitenwende. Einen ersten Höhepunkt erlebte sie mit dem mächtigen Königreich der Thüringer im 5. und 6. Jahrhundert, das bis in den Raum Leipzig hineinreichte. Dessen Untergang gegen die Franken 531 bedeutete eine tiefe historische Zäsur. Während die Gebiete westlich der Elbe-Saale-Linie ins fränkische und spätere deutsche Reich eingegliedert wurden, ließen sich östlich davon Slawen nieder.

Bevor diese mit deutschen Siedlern aus dem Westen zur Bevölkerung Sachsens verschmolzen, konnten die Slawen über fast vier Jahrhunderte ihre Unabhängigkeit behaupten. Ab dem 7. Jahrhundert war der slawische Stamm der Sorben in das wohl weitgehend verwaiste Gebiet vorgerückt. In jene Zeit geht auch die Entstehung der Siedlung Lipsk als Keimzelle der Stadt Leipzig zurück. Ein Modell im Stadtgeschichtlichen Museum führt die befestigte Ansiedlung mit Wassergraben plastisch vor Augen. Dort werden unter anderem auch Reste slawischer Keramik gezeigt, die im Stadtgebiet gefunden wurden.

Über die politischen und kulturellen Verhältnisse bis zum 10. Jahrhundert bestehen mangels slawischer Quellen allerdings keine detaillierten Kenntnisse. Die Stämme wurden von einem gewählten oder erbberechtigten Fürsten (*rex, dux*) geführt. Ihm zur Seite traten eine adlige Oberschicht sowie eine bäuerliche Bevölkerung aus Freien und Hörigen. Herrschafts- und Lebensmittelpunkte waren die befestigten dörflichen Siedlungen und Wallburgen wie Lipsk. Auch über die – aus fränkischer Sicht heidnischen und meist negativ beurteilten – naturreligiösen Vorstellungen gibt es nur vage Überlieferungen.

Unter den Ottonen dehnte das ostfränkisch-deutsche Reich seine Herrschaft auf die slawischen Gebiete bis zu Oder und Neiße aus. König Heinrich I. eroberte seit 929 das heutige Sachsen, sein Sohn Kaiser Otto der Große gründete 968 die Markgrafschaft Meißen. Eine der Hauptaufgaben der Markgrafen war die Integration der slawischen Bevölkerung. Hierzu diente auch die Einrichtung von Burgwarden als befestigte Herrschaftszentren, die wie im Falle Leipzigs meist an slawische Siedlungen anknüpften. Lange behielten die Slawen dabei ihre Kultur bei. Bis heute verraten viele geographische und Familiennamen slawische Wurzeln. So geht Dresden alias Dreždany auf die „Sumpfwaldleute" an der Elbe und Chemnitz auf den die Stadt durchfließenden Kamenica („Steinbach") zurück.

Auch Leipzig wird auf das Lipsk der ersten slawischen Ansiedlung zurückgeführt.

Traditionell geht man davon aus, dass dies so viel wie „Lindenort“ bedeutet. Die neuere Namensforschung bietet auch die Version „Ort auf schlammigem Boden“, was auf das später kultivierte Umfeld hindeutet. Als urkundliche Ersterwähnung Leipzigs gilt die „urbs Libzi“ („Stadt der Linden“) aus der Chronik des Bischofs Thietmar von Merseburg von 1015. Die besondere Beziehung zu dieser Baumart zeigt sich auch in Namen heutiger Stadtteile wie Lindenau und Lindenthal. Allerdings erfasste der deutsche Kultureinfluss im Laufe der Zeit die Mehrheit der Slawen. Diese sahen sich immer mehr Neusiedlern gegenüber. Nach langer, offenbar weitgehend friedlicher Nachbarschaft gingen sie in der Mehrheitsbevölkerung auf. Aus Lipsk wurde dabei Lipzic (1292), Leipczk (1399) und schließlich Leipzig.

Modell der slawischen Siedlung Lipsk im Stadtgeschichtlichen Museum Leipzig.

3 Die Gunst der Lage

Entwicklung zur Stadt

Die Entwicklung Leipzigs zur Stadt im engeren Sinne verdankte sich vor allem der günstigen Lage an wichtigen europäischen Fernhandelsstraßen. Dies führte durch Bürgerfleiß und landesherrliche Protektion zum Aufstieg zur Handels- und Messemetropole.

Seit der Stadtrechtsverleihung durch Markgraf Otto den Reichen um 1165 begann sich der Ort an der Kreuzung wichtiger europäischer Fernhandelsstraßen, der Via Regia und der Via Imperii, zur Stadt zu entwickeln. Die Bedeutung jener Straßen wird im Forschungssaal des Stadtarchivs auf dem Alten Messegelände künstlerisch unterstrichen. Ein monumentales Wandbild zeigt den historischen Stadtgrundriss mit den Wegeverbindungen von Spanien bis Russland, von Italien bis zur Ostsee, hell hervorgehoben auf rotem Grund. Hierum gruppieren sich Symbole für die Meilensteine der Stadtgeschichte vom Mittelalter bis zur Friedlichen Revolution 1989. Die Stadtgeschichte ruht, so die Botschaft, auf der verkehrsgünstigen Lage, die Leipzig dank des Fleißes seiner Bürger und der Protektion des Landesherrn zur Handels- und Messemetropole aufsteigen ließ.

Markante Gebäude der seit dem 12. Jahrhundert auf schachbrettartigem Grundriss angelegten Stadt sind das 1360 erstmals erwähnte Rathaus am Markt und die beiden großen Kirchen St. Nikolai und St. Thomas. Der Namenspatron der 1213 erstmals erwähnten Nikolaikirche galt als Schutzheiliger der Kaufleute. Auf 1212 datiert das Augustiner-Chorherrenstift

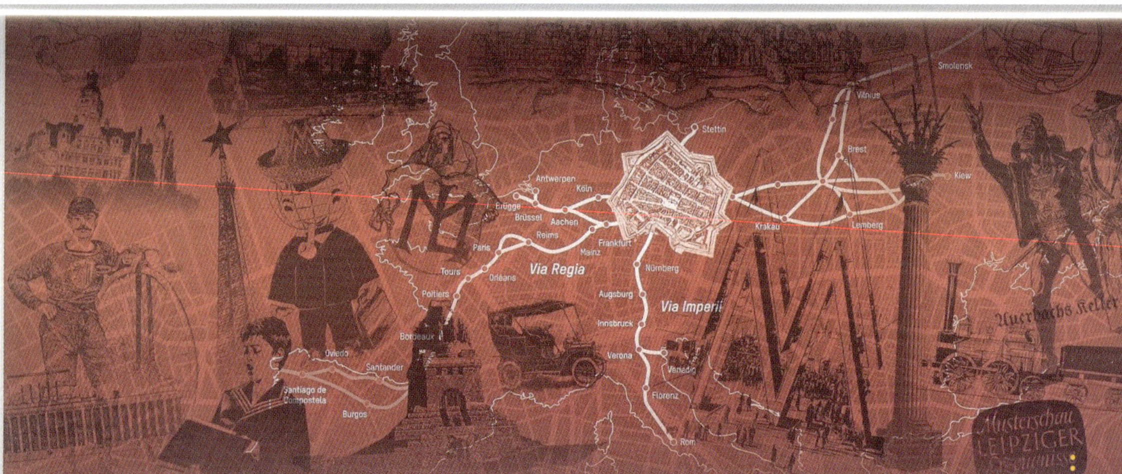

Wandbild im Forschungssaal des Stadtarchivs.

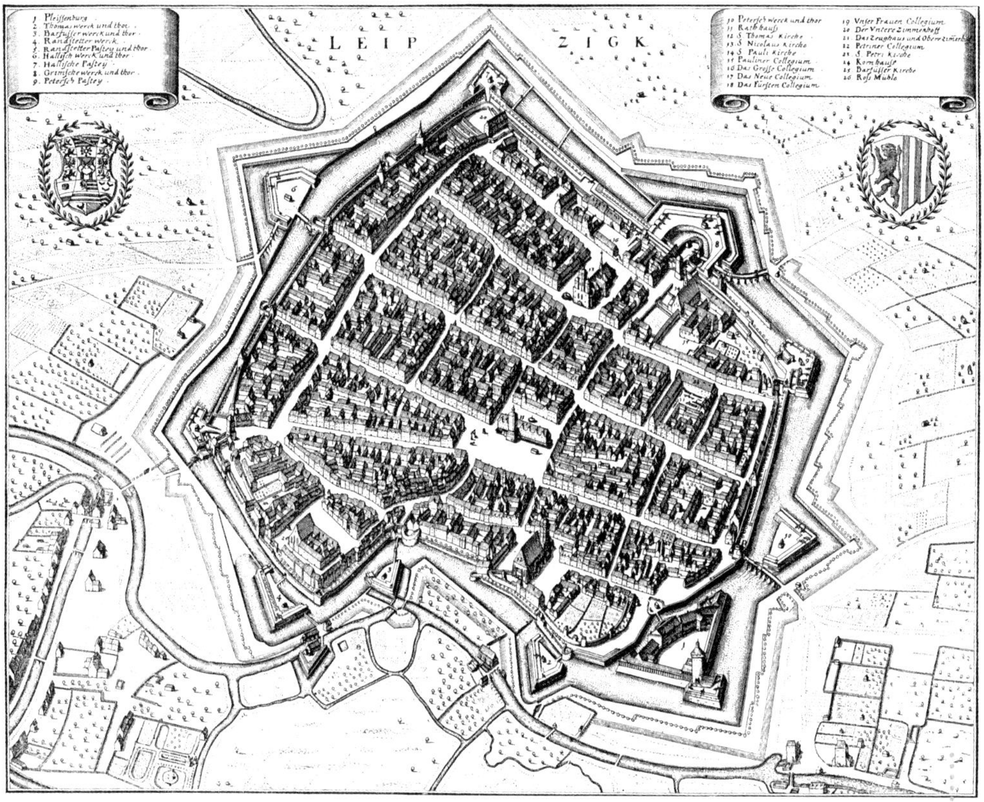

Leipzig im 17. Jahrhundert, Ansicht von Matthäus Merian.

mit der Thomaskirche, auf 1231 das Dominikanerkloster St. Pauli und auf 1245 das Franziskanerkloster mit der späteren Matthäikirche.

Um 1216 entstand am südwestlichen Stadtrand die Pleißenburg. An den Ende des 19. Jahrhunderts abgerissenen Wehrbau mit landesherrlicher Residenz erinnert heute das Ensemble von Neuem Rathaus, Stadthaus und Deutscher Bank. Hiervon ausgehend zog man im 13. Jahrhundert eine Stadtmauer um die heutige City, die das Stadtgebiet bis ins 19. Jahrhundert markierte. Der rege Verkehr in alle vier Himmelsrichtungen lief über die vier großen Stadttore, das Ranstädter Tor (W), Hallische Tor (N), Grimmaische Tor (O) und Peterstor (S). Die von einem Wassergraben umgebenen Stadtbefestigungen wurden mehrfach modernisiert.

Das privilegierte Stadtrecht, das die Bürger von direkter feudaler Abhängigkeit befreite, galt laut Stadtbrief auch für das unmittelbare Umfeld der Handelsstadt. Jenes sogenannte Weichbild war durch Grenzzeichen wie das Connewitzer Kreuz an den Zugangsstraßen markiert. Das 1536 durch den Rat errichtete Weichbildzeichen in Form eines Sandstein-Aufsatzes auf einer Säule aus Rochlitzer Porphyrtuff befand sich damals weit vor den Toren der Stadt. Heute steht die 1994 angefertigte Kopie am Ende der belebten Karl-Liebknecht-Straße im Gründerzeitviertel der Südvorstadt, während das Original im Stadtgeschichtlichen Museum aufbewahrt wird.

4 Sakrale Gemeinschaft

Die Leipziger Kirchen

Die Bürgerschaft verstand sich über Jahrhunderte als sakrale Gemeinschaft. Versinnbildlicht wird dies in den imposanten Kirchen, die zugleich städtebauliche Kristallisationspunkte und Orte der großen Stadt- und Kulturgeschichte bildeten.

Die Stadtgesellschaft des Mittelalters wurde maßgeblich durch den christlichen Glauben geprägt. Hierbei gingen religiöse und politisch-gesellschaftliche Sphäre eine enge, historisch kaum zu trennende Verbindung ein. Man verstand sich als sakrale Gemeinschaft, wobei den Geistlichen die Sorge für das Seelenheil der Bürger oblag. Im Gegenzug erhielten die Kirchen und Klöster großzügige Spenden und Schenkungen. Dies gehörte für wohlhabende Bürger geradezu zum „guten Ton". Die dichte Symbiose von Gesellschaft und Religion erklärt auch die Sprengkraft der Reformation, die in Leipzig 1539 durch den Landesherrn Herzog Heinrich den Frommen eingeführt wurde. Besiegelt wurde dies durch die Pfingstpredigt Martin Luthers am 25. Mai 1539 in der Thomaskirche. Die Klöster und Stifte wurden aufgehoben und das kirchliche Leben der nunmehr evangelischen Gemeinden konzentrierte sich vor allem auf die beiden großen Pfarrkirchen St. Nikolai und St. Thomas. Der Superintendent als oberster Geistlicher der Stadt nahm seinen Sitz an der Nikolaikirche.

Die bis heute stadtbildprägenden Kirchen waren zugleich frühe städtebauliche Kristallisationskerne und Orte der großen Stadt- und Kulturgeschichte. Seit der Stadtrechtsverleihung durch den wettinischen Markgrafen Otto den Reichen um 1165 begann der Aufbau der Stadt im engeren Sinne auf schachbrettartigem Grundriss. Die Kirchenbauten dominierten dabei lange Zeit die Silhouette der Stadt. Der Namenspatron der 1213 erstmals erwähnten Nikolaikirche, älteste und größte Kirche der Stadt, galt bezeichnenderweise als Schutzheiliger der Kaufleute. Der romanische Ursprung des Sakralgebäudes ist an der Westseite noch erkennbar. Im ausgehenden Mittelalter erfolgte mit dem zunehmenden Wohlstand der Handelsstadt der Umbau zur imposanten dreischiffigen spätgotischen Hallenkirche. Im späten 18. Jahrhundert erhielt der Innenraum seine klassizistische Ausprägung. Mit den Impulsen für die Friedliche Revolution 1989 verweist die Nikolaikirche auf ein besonderes stadtgeschichtliches Kapitel der „Heldenstadt" Leipzig.

Auf 1212 datiert das Augustiner-Chorherrenstift mit der Thomaskirche, der zweiten großen Kirche der Stadt mit romanischen Wurzeln. Mit dem Thomanerchor und dem Wirken Johann Sebastian Bachs spiegelt sich in der Thomaskirche die Leipziger Musikgeschichte von Weltformat – wobei der Chor lange Zeit auch in der Nikolaikirche musizierte und Bach dort seine Kantaten und Oratorien uraufführte. Die Kirche wurde ebenso wie St. Nikolai Ende des 15. Jahrhunderts weitgehend umgebaut

Thomaskirche.

und erhielt im 19. Jahrhundert ihr historistisches Aussehen. Die beiden einstigen Bettelordenskirchen in der heutigen Altstadt sind dagegen verschwunden. 1231 wird das Dominikanerkloster St. Pauli mit seiner Kirche erstmals genannt. Nach der Reformation als Universitätskirche am Augustusplatz genutzt, fiel sie dem DDR-Städtebau 1968 zum Opfer. Auf 1245 datiert das Franziskanerkloster mit der späteren Matthäikirche. Diese wurde im Zweiten Weltkrieg beschädigt und später abgerissen, worauf man dort den Neubau für die Bezirksverwaltung der Staatssicherheit errichtete. Zu den großen Pfarr- und Klosterkirchen kamen, teils auch vor den Stadttoren, weitere kleinere Kirchen, Kapellen und Hospitäler. Mit der rasanten Ausdehnung der gründerzeitlichen Industriegroßstadt erfolgten Kirchenneubauten in den neuen Vorstädten. Jüngster Neubau ist die katholische Propsteikirche St. Trinitatis (2015) vis-a-vis vom Neuen Rathaus.

5 Vom Wehrbau zum Rathaus
Die Pleißenburg

Die im 13. Jahrhundert errichtete Pleißenburg war der wichtigste Eckpfeiler der Stadtbefestigungen und herrschaftliche Residenz. An ihre Stelle trat 1905 das Neue Rathaus, eines der monumentalsten in Deutschland.

Leipzig entwickelte sich im 13. Jahrhundert zur mauerumwehrten Stadt im engeren Sinne. Fortan spielte sich über Jahrhunderte das kommunale Leben innerhalb der immer wieder erneuerten Befestigungen ab. Nach wie vor lässt sich die wehrhafte Umgrenzung des Altstadtbereichs durch den Stadtring mit seinen Grünanlagen nachvollziehen. Hier finden sich einige wenige Reste der einst gewaltigen Bastionen wie der Moritzbastei, heute ein beliebtes Kulturzentrum mit historischem Flair. Den wichtigsten Eckpfeiler jener für die Sicherheit der Stadt in den vielen kriegerischen Auseinandersetzungen unerlässlichen Befestigungen bildete die vom wettinischen Markgrafen Dietrich dem Bedrängten um 1216 errichtete Burg am südwestlichen Stadtrand. Benannt wurde sie nach der vorbeifließenden Pleiße. Die Pleißenburg oder das Schloss, wie der wettinische Herrschaftssitz auch genannt wurde, trat mehrfach in den Fokus der großen Geschichte. So fand hier 1519 die Leipziger Disputation zwischen dem Reformator Martin Luther und seinem katholischen Kontrahenten Johannes Eck statt.

Die mittelalterliche Burg wandelte später ihr Gesicht. Dabei wurde bezeichnenderweise einer der verheerenden Kriege zum Auslöser, die Leipzig immer wieder in Mitleidenschaft zogen.
Die erfolglose Belagerung durch den ernestinischen Kurfürsten Johann Friedrich im Schmalkaldischen Krieg 1546/47 hatte an Burg und Stadtbefestigungen schwere Zerstörungen verursacht. Dies veranlasste den Leipziger Stadtherrn, den nunmehrigen albertinischen Kurfürsten Moritz, zum Abriss des Schlosses. Unter der Bauleitung von Bürgermeister Hieronymus Lotter, der auch den Rathausneubau am Markt verantwortete, entstand eine moderne Zitadelle auf dreieckigem Grundriss. Die neue Pleißenburg wurde von den ebenfalls erneuerten Stadtbefestigungen durch einen Wassergraben getrennt, der etwa dem Verlauf der Markgrafenstraße folgte. Im Dreißigjährigen Krieg erlebte die Anlage ihre Feuertaufe. Der Angriff des Heeres der katholischen Liga unter Feldherr Johann T'Serclaes von Tilly auf das Kurfürstentum Sachsen 1631 begann mit dem Sturm auf die Pleißenburg. Das schwedisch-sächsische Heer unter dem legendären König Gustav II. Adolf konnte die Gefahr für Stadt und Land jedoch wenige Tage später mit dem triumphalen Sieg über Tilly in der Schlacht von Breitenfeld nördlich vor den Toren Leipzigs bannen.

In der Folgezeit verlor die Pleißenburg ihre militärische Bedeutung und den Status einer sächsischen Festung. Sie wurde im 18. und 19. Jahrhundert als Kaserne, Verwaltungs- und Schulgebäude genutzt. Adam Friedrich Oeser unterhielt

Das Neue Rathaus erinnert mit seinem markanten Turm an die Pleißenburg.

hier seine Zeichenschule, die Goethe als Student besuchte. Später richtete man chemische Laboratorien der Universität und auf dem Festungsturm eine Sternwarte ein. Schließlich entsprach der Gebäudekomplex aber nicht mehr den Ansprüchen der expandierenden Handels- und Industriegroßstadt. Anstelle der 1897 abgerissenen Pleißenburg wurde von 1899 bis 1905 unter Leitung von Hugo Licht das Neue Rathaus errichtet. Es repräsentiert als eines der monumentalsten Rathäuser Deutschlands das Selbstbewusstsein der Gründerzeitmetropole. Dabei zitierte man architektonisch die für die Stadtgeschichte so prägende Burg unter anderem mit dem Rathausturm, mit 115 Metern der höchste in Deutschland. Auf dem Areal der Pleißenburg entstanden über das Neue Rathaus hinaus das Stadthaus und das Gebäude der Leipziger Bank, heute Deutsche Bank.

6 Markgrafen und Kurfürsten
Die landesherrliche Stadt

Die wettinischen Markgrafen von Meißen und späteren Kurfürsten von Sachsen prägten über Jahrhunderte als Landesherren die Entwicklung der Stadt. Hieran erinnert das Leipziger Stadtwappen mit dem wettinischen Löwen und den Landsberger Pfählen.

Mit der 968 von Kaiser Otto dem Großen im eroberten Slawengebiet errichteten Markgrafschaft Meißen war der herrschaftliche Rahmen für die Leipziger Stadtentwicklung im Mittelalter gesetzt. Zunächst wechselte das Amt der Markgrafen zwischen den Adelsgeschlechtern der Region. Kurzzeitig erlangten die Ekkehardinger aus dem Unstruttal eine beherrschende Position, an die die Stifterfiguren im Naumburger Dom mit der „schönen Uta" erinnern. In die Geschichtsbücher eingegangen ist auch der nahe Leipzig ansässige Wipprecht von Groitzsch als Konkurrent um das herausgehobene Herrschaftsamt im Grenzbereich zu den slawischen Stämmen des Ostens. Durchsetzen sollte sich aber das ebenfalls aus der Region stammende alte Adelsgeschlecht der Wettiner, benannt nach ihrer Stammburg an der Saale nördlich von Halle. 1089 traten sie erstmals und seit 1123 unter Konrad dem Großen dauerhaft als Markgrafen von Meißen auf. Sie bestimmten fortan über acht Jahrhunderte, seit 1423 als Kurfürsten und seit 1806 als Könige von Sachsen, die Geschicke Leipzigs.

Auf den markgräflichen Ursprung der Gründung Leipzigs mit dem Stadtrecht um 1165 verweist auch das Stadtwappen, wie es seit dem 15. Jahrhundert verwendet wird und aus dem Siegel der Bürgergemeinde hervorgegangen ist. Die älteste Form des Stadtsiegels, als Wachsabdruck an einer städtischen Urkunde von 1287 im Stadtarchiv aufbewahrt, zeigt noch eine Stadtansicht mit Mauer und Tor. Sie steht für das wachsende Selbstbewusstsein der sich entfaltenden Bürgergemeinde. 1316 wird an einer weiteren Urkunde ein vielsagendes Detail ergänzt. Über dem Stadttor steht nun in einem Spitzschild der wettinische Löwe als Symbol der Landesherrschaft über die Stadt.

Aus diesem Zwischenschritt ging schließlich im 15. Jahrhundert das bis heute weitgehend unveränderte Wappen hervor. Es zeigt den schwarzen Löwen auf goldenem Grund der Markgrafschaft Meißen und die blauen Pfähle auf goldenem

Wappen der Stadt Leipzig.

Leipzigs berühmtester Landesherr war Kurfürst August der Starke.

Grund der Markgrafschaft Landsberg, den Stammlanden der Wettiner. Hieraus leiten sich auch die Stadtfarben Blau und Gelb ab. Die heraldisch korrekte Beschreibung des Wappens lautet: „Gespalten, vorn in Gold rot gezungter und bewehrter schwarzer Löwe, hinten in Gold zwei blaue Pfähle." Es ähnelt damit den Wappen vieler alter sächsischer Städte mit landesherrlichem Hintergrund, wie Dresden und Chemnitz. Die heutige offizielle Form wurde früher noch von einem befiederten, blau-gelben Ritterhelm und zahlreichen gelben Federn eingerahmt.

Die so symbolisch stets in der Stadt präsenten Markgrafen und Kurfürsten nutzten die prosperierende Bürgerstadt Leipzig gerne für große Festlichkeiten und Spektakel, ehe die Residenz Dresden ab dem 16. Jahrhundert allmählich diese Funktion weitgehend übernahm. So waren auf dem Marktplatz mit seinem repräsentativen Rathaus immer wieder Ritterturniere und Lanzenstechen zu erleben, fanden fürstliche Hochzeiten und Feste statt. Die mit der raschen Stadtentwicklung im 13. Jahrhundert gebildete Bürgerwehr wurde nicht selten über ihre eigentliche Aufgabe, die Verteidigung der mauerumwehrten Stadt, hinaus auch für militärische Dienste herangezogen. So standen die Leipziger Bürger Markgraf Friedrich dem Freidigen in der Schlacht bei Lucka nahe Altenburg 1307 gegen den habsburgischen König Albrecht I. siegreich zur Seite. Dies war ein wichtiger Erfolg der Wettiner bei der Behauptung ihrer sächsisch-thüringischen Besitzungen.

7 Ratsherrschaft und Gemeinde
Die Bürgerstadt

Das Stadtrecht verliehen bekam Leipzig um 1165 von Markgraf Otto dem Reichen. Jenes privilegierte Recht sicherte der Bürgerschaft die autonome Regelung ihrer Angelegenheiten, ohne die wettinische Landesherrschaft abzustreifen.

Ins Licht der schriftlich verbrieften Geschichte trat Leipzig mit der urkundlichen Ersterwähnung 1015. Die Chronik Bischof Thietmars von Merseburg, eine der wichtigsten Quellen der Ottonen-Zeit, berichtet von Geschehnissen „in urbe Libzi vocata“, in der Stadt, Leipzig genannt. Zweites Schlüsseldokument der frühen Stadtgeschichte bildet die Urkunde über das Stadtrecht, verliehen um 1165 vom wettinischen Markgrafen Otto dem Reichen. Jener „Leipziger Stadtbrief“, aufbewahrt im Stadtarchiv, gilt gewissermaßen als „Geburtsurkunde“ der Stadt. Dies hat in jüngerer Vergangenheit zu der etwas verwirrenden Häufung von Stadtjubiläen geführt. In den 1920er-Jahren wollte man schon einmal auf recht fragwürdiger Grundlage eine 1.000-Jahr-Feier begehen, was jedoch von seriösen Historikern und Archivaren abgelehnt wurde. 1965 gab es dann eine 800-Jahr-Feier unter Berufung auf den Stadtbrief 1165 und 2015 eine 1.000-Jahr-Feier mit Blick auf die Ersterwähnung 1015. Letzteres Jubiläum war auch der Anlass für das ambitionierte Projekt einer vierbändigen „Geschichte der Stadt Leipzig“, die von 2015 bis 2019 erschien.

Die Bürgerschaft konnte sich seit der „Geburtsurkunde“ ihrer Kommune 1165 zunehmend Freiräume erringen. Im 13. Jahrhundert tritt sie mit einem Rat an der Spitze auf die historische Bühne. Ältestes Zeugnis ist eine Urkunde von 1287, in der die zwölf amtierenden Ratsherren erwähnt werden. Sie war zur Beglaubigung mit einem Wachsabdruck des Stadtsiegels versehen, dessen Umschrift lautet: SIGILLUM BVRGENSIUM DE LIPZK – Siegel der Bürger von Leipzig. 1292 wird der erste Bürgermeister urkundlich erwähnt. Das Alte Rathaus, zurückgehend auf 1360 erstmals als „rathus“ erwähnte Vorgänger, blieb bis zur Einweihung des Neuen Rathauses 1905 das Herzstück der bürgerschaftlichen Selbstverwaltung. Hiervon künden der prächtige Festsaal und die solide ausgestattete Ratsstube mit der darunter liegenden Schatzkammer. Die Ausstellung des hier untergebrachten Stadtgeschichtlichen Museums hält viele Zeugnisse aus dem Leben der Bürger, der reichen Fernkaufleute, der in dutzenden Innungen organisierten Handwerker und Kleinhändler, aber auch der Unterschichten bereit.

Bei allem Wohlstand und Selbstbewusstsein der sich eigenständig verwaltenden und rechtsprechenden Bürgerschaft erreichte Leipzig doch nie den Status einer freien Reichsstadt. Freilich wusste man trotz gelegentlicher Reibereien auch, was man dem wettinischen Landesherrn zu verdanken hatte. Insbesondere der

Der Leipziger Stadtbrief (um 1165) wird im Stadtarchiv aufbewahrt.

Aufstieg zur bedeutendsten Handels- und Messestadt weit und breit verdankte sich dessen Protektion. Auch die Universität konnte sich bis hin zu den großzügigen Neubauten des 19. Jahrhunderts seines Wohlwollens sicher sein. Herrscher wie der legendäre August der Starke pflegten eine enge Verbindung zu ihrer prosperierenden Wirtschafts- und Geistesmetropole. Der Kurfürst von Sachsen und König von Polen in seiner prachtvoll ausgebauten Residenz an der Elbe wusste, frei nach einem alten sächsischen Sprichwort, auch genau warum: „In Chemnitz wird das Geld erarbeitet, in Leipzig vermehrt und in Dresden ausgegeben."

8 Die Albertiner
Leipziger Teilung 1485

Die Wettiner spalteten 1485 ihr großes Territorium in eine albertinische und ernestinische Linie auf, deren historische Spur bis zu den heutigen Freistaaten Sachsen und Thüringen führt. Dies ging als folgenreiche Leipziger Teilung in die Geschichte ein.

Das Handelszentrum Leipzig, das um 1500 mit rund 7.000 Einwohnern nach Magdeburg und Erfurt bereits zu den größten Städten Mitteldeutschlands zählte, war immer wieder Ort wichtiger historischer Ereignisse. So führte ein Teilungsvertrag der Wettiner 1485 zur dauerhaften Aufspaltung ihrer Gebiete in eine ernestinische und albertinische Linie. Dies ging als Leipziger Teilung in die Geschichte ein. Die Pleißestadt selbst gehörte fortan bis 1918 zum Sachsen der Albertiner. Die Wettiner hatten sich im Mittelalter zu machtvollen Fürsten aufgeschwungen, die den Großteil des heutigen Mitteldeutschlands beherrschten. 1423 krönte der Kaiser ihren Aufstieg mit der Erhebung zu Kurfürsten von Sachsen. Allerdings kam es nicht zur Festigung eines sich im 15. Jahrhundert abzeichnenden einheitlichen Territorialstaates. Vielmehr steht an der Schwelle zur Neuzeit jene zäsursetzende Leipziger Teilung, abgeschlossen in der herrschaftlichen Pleißenburg. Sie spaltete den großen Länderkomplex zwischen Elbe und Werra für immer in den Besitz zweier Familienzweige, auch wenn dies den Zeitgenossen angesichts zahlreicher vorheriger Teilungen noch nicht bewusst war.

Hauptakteure des Geschehens waren die Brüder Ernst und Albrecht, bisher gemeinsam Herzöge von Sachsen. Der jüngere Albrecht erhielt die Markgrafschaft Meißen, Gebiete um Leipzig sowie einen Landstreifen im nördlichen Thüringen bis Langensalza. Kurfürst Ernst übernahm das mit der Kurwürde verbundene Herzogtum Sachsen-Wittenberg, einen breiten Landstreifen bis nach Zwickau und ins Vogtland sowie die Gebiete in Thüringen um Altenburg, Weimar, Gotha, Eisenach und Coburg. Neben den Gebietsüberschneidungen verfügten beide gemeinsam unter anderem über die wichtigen Einkünfte aus den Bergwerken des Erzgebirges.

Die Leipziger Teilung wird heute nicht mehr durchweg als das große Verhängnis der Wettiner gewertet, mit dem ein machtvolles „Großsachsen" verhindert worden sei. So hebt man etwa die segensreiche kulturelle Vielfalt der mitteldeutschen Geschichtslandschaft hervor, die sich der Kleinteiligkeit ihrer Länder und Residenzen verdankt. Allerdings sollte die im Gegensatz zu den vielen vorherigen Teilungen nachhaltige Spaltung langfristig tatsächlich zu einer Schwächung der Position der Wettiner führen. Die albertinische und ernestinische Linie kamen nie wieder zusammen, vielmehr führt ihre historische Spur letztlich bis hin zu den heutigen Freistaaten Sachsen und Thüringen.

Die Ernestiner wurden zwar zu angesehenen Schutzherren der Reformation. Sie verloren aber im Schmalkaldischen Krieg

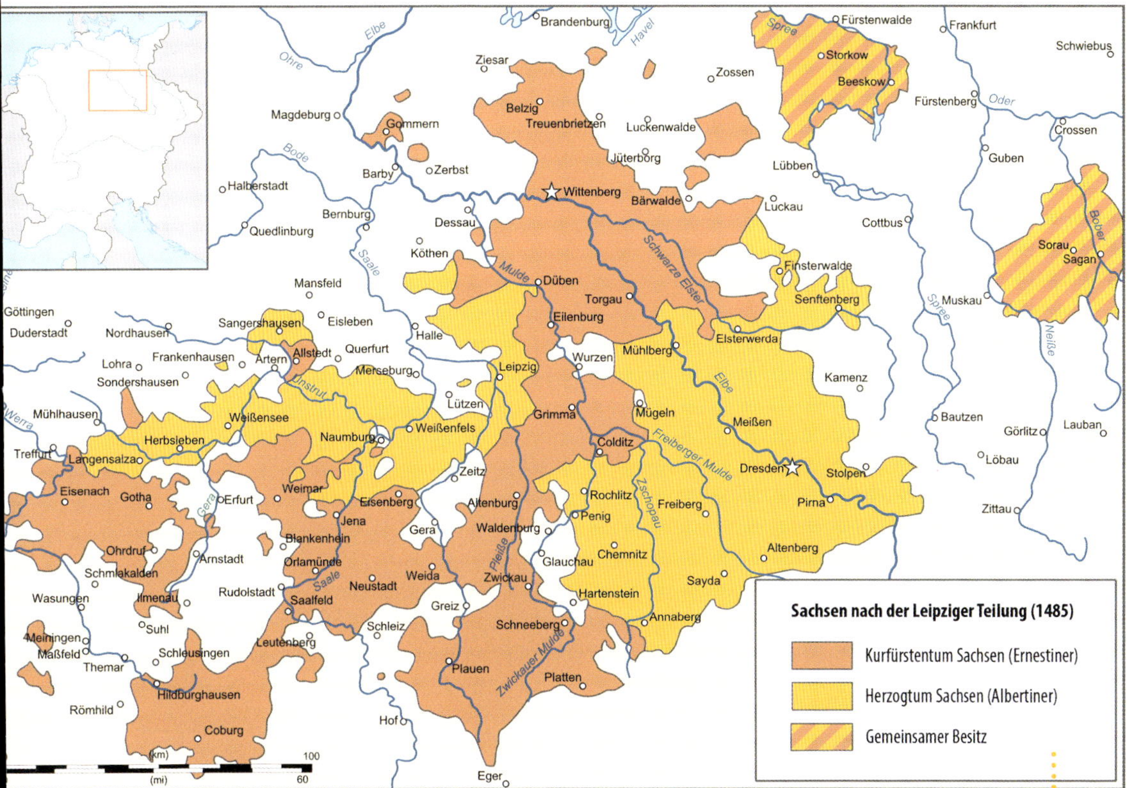

Wettinische Lande nach der Leipziger Teilung 1485.

1546/47, der auch Leipzig mit der Belagerung durch Kurfürst Johann Friedrich in Mitleidenschaft zog, die Kurwürde an die Albertiner und blieben fortan machtlose Kleinstaaten-Herzöge in Thüringen. Den Albertinern gelang die Entwicklung Kursachsens zu einem schlagkräftigen Territorialstaat mit der Hauptstadt Dresden, der im Augusteischen Zeitalter seinen glanzvollen Höhepunkt erlebte. Danach geriet Sachsen gegen seinen alten Rivalen Brandenburg-Preußen jedoch zunehmenden ins Hintertreffen. 1806 zum Königreich von Napoleons Gnaden aufgestiegen, schrumpfte es 1815 um mehr als die Hälfte auf etwa den heutigen Gebietsstand. Aus dem Königreich wurde 1918 der erste Freistaat, 1933 der NS-Gau, 1945 bis 1952 das Land und schließlich 1990 der heutige Freistaat Sachsen.

9 Luther und Leipzig
Die Leipziger Disputation 1519

Die Reformation Martin Luthers rückte kurz nach dem legendären Wittenberger Thesenanschlag 1517 auch die Pleißestadt in den Fokus. Bei der Leipziger Disputation 1519 stand der Reformator dem katholischen Theologen Johann Eck gegenüber.

Die Reformation Martin Luthers rückte auch die Pleißestadt mit der Leipziger Disputation 1519 in den Fokus des weltgeschichtlichen Geschehens. Im mitteldeutschen Umland hatte jene 1517 im nahen Wittenberg mit dem legendären Thesenanschlag an die Schlosskirche beginnende geistige Erneuerungsbewegung rasch um sich gegriffen. Wenig später machten die ernestinischen Kurfürsten von Sachsen 1525 den Anfang mit der Aufnahme des neuen Bekenntnisses, viele Herrscherhäuser folgten ihnen. Sie hatten dabei nicht nur den wahren Glauben im Sinn. Den Fürsten kam die von Luther autorisierte Erhebung zu Obersten Bischöfen und der Aufbau einer Landeskirche bei der Ausbildung frühneuzeitlicher Staatlichkeit sehr entgegen. Vom Augsburger Religionsfrieden 1555 wurde schließlich unter der Formel „Cuius regio, eius religio" („Wessen Land, dessen Religion") sanktioniert, dass der Landesherr die Religion seiner Untertanen bestimmen kann. Die Region gehörte damit im religiös gespaltenen Reich zum protestantischen Kulturraum Mittel- und Nordeuropas.

Das albertinische Herzogtum Sachsen, zu dem Leipzig gehörte, hielt jedoch in der langen Regierungszeit Herzog Georgs des Bärtigen von 1500 bis 1539 strikt am alten katholischen Glauben fest. Das gestaltete sich allerdings schwierig. In der Bevölkerung bis weit in die Geistlichkeit hinein begann sich reformatorisches Gedankengut auszubreiten. Der Fürst, der die Notwendigkeit einer Erneuerung der Kirche keineswegs leugnete, hatte aber als Augenzeuge der Leipziger Disputation vom 27. Juni bis 15. Juli 1519 eine tiefe Abneigung gegen den kühnen Reformator gefasst. Luther hatte die Autorität des Papstes und von Konzilien in Frage gestellt und sich auch von Ecks Verweis auf die Verbrennung des „Ketzers" Jan Hus beim Konstanzer Konzil 1415 nicht schrecken lassen. Mit aller Härte versuchte der Herzog fortan die Anhänger des neuen Bekenntnisses zurückzudrängen. Jene akademischen Diskussionen in der albertinischen Universitätsstadt fanden zwischen dem Ingolstädter katholischen Theologen Johannes Eck und den Wittenberger Reformatoren Luther und Andreas Karlstadt statt. Das weithin beachtete Ereignis in der Hofstube der herzoglichen Pleißenburg gehört zum erinnerungskulturellen Kernbestand des Protestantismus, auch wenn die Zeitgenossen durchaus Eck als Kontrahenten mindestens auf Augenhöhe betrachteten.

Georg konnte trotz verzweifelter Bemühungen nicht verhindern, dass sein Bruder Herzog Heinrich der Fromme sofort nach Übernahme der Herrschaft 1539 die Reformation einführte. In der

Leipziger Disputation 1519, Lithographie Stadtgeschichtliches Museum Leipzig (um 1900).

Dresdner Kreuzkirche wurde in einem Akt von hohem Symbolgehalt am 6. Juli 1539 erstmals in Gegenwart des Herzogs mit dem bezeichnenden Beinamen die Messe auf Deutsch gelesen und das Abendmahl unter beiderlei Gestalt ausgespendet. Letzteres umfasste nunmehr Brot und Wein, der bisher den Klerikern vorbehalten war. Der vergrößerte „Laienkelch“ wurde ebenso wie die Predigt in der Sprache des Volkes zu einem Charakteristikum des evangelischen Gottesdienstes. In Leipzig war die Einführung der Reformation schon durch die Pfingstpredigt Martin Luthers am 25. Mai 1539 in der Thomaskirche besiegelt worden. Luthers Mitstreiter Justus Jonas wurde mit der Umsetzung der Maßnahmen betraut. Hierzu gehörte auch die Auflösung der Klöster, die nun von Stadt und Universität genutzt wurden. Die Universitäts- und Buchstadt gewann fortan für die Verbreitung der lutherischen Lehre hohe Bedeutung.

10 Konfessionelle Konflikte
Leipziger Calvinistensturm 1593

Die starke Stellung der calvinistischen Reformation unter Kurfürst Christian I. und dessen aus Leipzig stammenden Kanzler Nikolaus Krell fand mit dem Tode des Landesherrn und dem Leipziger Calvinistensturm 1593 ein Ende.

Kurfürst August lenkte von 1553 bis 1586 nach der turbulenten Phase unter seinem Bruder und Vorgänger Moritz die Entwicklung des jungen albertinischen Kurfürstentums Sachsen in ruhige Bahnen. Nach gut drei Jahrzehnten unter „Vater August" war Sachsen samt seiner aufblühenden Messemetropole Leipzig ein prosperierendes Land. Die Anfänge des Verwaltungsstaates wurden ausgebaut, der dank des Bergbaus im Erzgebirge finanziell auf stabilen Beinen stand. Nicht zuletzt stabilisierte er seinen Staat durch die feste Verzahnung mit dem aus der Reformation hervorgegangenen Landeskirchenwesen. Dessen Grundlage war ein strenges Luthertum. Unter Augusts Nachfolger Christian I. kam es jedoch von 1586 bis 1591 durch einen religionspolitischen Kurswechsel zu schweren Spannungen. Hatte August sehr rigide die lutherische Orthodoxie vertreten, so neigte sein Sohn zum Calvinismus, der Lehre des Genfer Reformators Johannes Calvin. Für die Verdrängung der Lutheraner aus Machtpositionen in Kirche und Staat machte man Nikolaus Krell verantwortlich, den Kanzler und Freund des neuen Kurfürsten sowie Sohn eines wohlhabenden Leipziger Ratsherrn.

Nach dem frühen Tode des trunksüchtigen Kurfürsten kehrte Sachsen unter dessen Sohn Christian II. von 1591 bis 1611 wieder zum strengen Luthertum zurück. Krell wurde auf Betreiben von Geistlichkeit und Adel als Symbolfigur zehn Jahre auf der Festung Königstein gefangen gehalten und 1601 in Dresden hingerichtet. Kurfürst Christian II. machte auch den außenpolitischen Kurswechsel Krells rückgängig. Er kehrte zu der von seinem Großvater vertretenen Politik zurück, die als protestantische Leitmacht auf einen Ausgleich der Konfessionen im Sinne des Augsburger Religionsfriedens von 1555 abzielte. Dies bedeutete auch eine loyale Zusammenarbeit mit dem katholischen Habsburger Kaiserhaus in Wien, an der man bis ins 19. Jahrhundert festhielt. Der im Dreißigjährigen Krieg zunehmend problematische Spagat zwischen protestantischem Bekenntnis und Treue zum katholischen Kaiser brachte Kursachsen immerhin 1635 die Lausitz ein.

Der Kurswechsel unter Christian II. wirkte sich rasch auch auf die wichtigste Handelsstadt des Landes aus und führte zum sogenannten Leipziger Calvinistensturm als Höhepunkt der konfessionellen Auseinandersetzungen. Auch in Leipzig hatte unter Christian I. eine kleine wohlhabende Oberschicht von Calvinisten an Einfluss gewonnen, darunter eingewanderte niederländische Kaufleute. 1590 war der zum Calvinismus neigende Theologe Christoph Gundermann zum Ersten Prediger der Thomaskirche aufgestiegen.

Hinrichtung der Rädelsführer beim Leipziger Calvinistensturm 1593, Stadtgeschichtliches Museum Leipzig.

Dem Umschwung in Dresden 1591 folgte dann auf dem Fuße die Einkerkerung Gundermanns und weiterer Calvinisten in der Pleißenburg. Wenig später entfernte man alle Calvinisten aus Verwaltung, Gerichten, Schulen und Kirchen. Insgesamt entließ man 20 Personen aus Amt und Würden, darunter Universitätsprofessoren und den Bürgermeister Reinhard Backofen, einen Schwager Nikolaus Krells. Die des Calvinismus verdächtigten Bürger mussten im Rathaus ihre Konfession widerrufen. Nach anhaltenden Streitereien stürmte am 20. Mai 1593 eine aufgebrachte Menge die Häuser vermeintlich calvinistischer Kaufleute. Erst spät griff der Rat ein und beendete den Aufruhr. Anschließend wurden einige Rädelsführer verhaftet und vier von ihnen auf dem Leipziger Marktplatz hingerichtet. Stadt und Universität verstanden sich fortan als Wahrer des Luthertums, das man konsequent gegen Calvinismus und Katholizismus verteidigte.

11 Kriegerische Zeiten

Von der Reformation bis Napoleon

Nach der Reformation war Leipzig mehrfach von den vielen konfessionell-machtpolitischen Konflikten in Europa betroffen. Dies reichte von der Belagerung im Schmalkaldischen Krieg 1547 bis hin zum Siebenjährigen Krieg (1756–1763).

Die Reformation mit ihrer Spaltung des Reiches und Europas führte zu vielen blutigen konfessionell-machtpolitischen Konflikten. Leipzig war davon immer wieder schwer betroffen. Hiervon zeugt eine der ältesten Stadtansichten, aufbewahrt im Stadtgeschichtlichen Museum. Die „Warhafftige abconterfeyung“ der belagerten Stadt während des Schmalkaldischen Krieges 1546/47 zeigt aus der südöstlichen Vogelperspektive die Schrecken des Krieges. Leipzigs Stadtherr, der albertinische Herzog Moritz von Sachsen, stieg durch den Krieg im Bündnis mit dem katholischen Kaiser Karl V. zum Kurfürsten von Sachsen auf. Sein ernestinischer Vetter Kurfürst Johann Friedrich der Großmütige dagegen verlor die hohe Würde und musste sich fortan auf Thüringen beschränken. Die einen sehen in Moritz deshalb den „Judas von Meißen“, der Verwandtschaft und Protestantismus für den Machtgewinn verraten habe. Andere sehen in ihm den Begründer der glanzvollsten Epoche der sächsischen Geschichte, der zudem in der Folge die Gleichberechtigung der protestantischen Reichsstände mit durchgesetzt hat. In jedem Falle führte der Aufstieg in den Kreis der sieben bedeutendsten Reichsfürsten mit erheblichen Gebietsgewinnen das nunmehr albertinische Kurfürstentum Sachsen mit der Residenz Dresden auf den Höhepunkt der Machtentfaltung.

Für die Stadt Leipzig begann diese unter August dem Starken gipfelnde Epoche freilich mit jener Belagerung durch die Truppen des Schmalkaldischen Bundes unter Kurfürst Johann Friedrich. Zwar dauerte die überraschend abgebrochene Belagerung

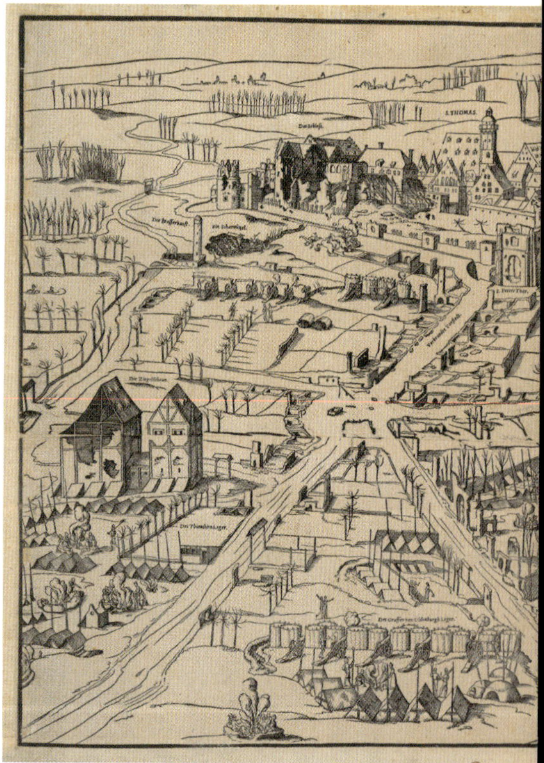

Belagerung von Leipzig im Januar 1547, Stadtgeschichtliches Museum Leipzig.

im Januar 1547 nur drei Wochen – aber diese kurze Spanne reichte für zahlreiche Opfer. Hieran erinnert die erwähnte Stadtansicht von einem unbekannten Künstler. Sie zeigt nicht nur die erheblichen Zerstörungen durch die Beschießung, sondern gibt erstmals ein detailreiches Bild der Stadt überhaupt. Moritz' Truppen wurden durch die Prägung von Klippen, viereckigen Gold- und Silbermünzen, unter Verwendung des evakuierten Kirchenschatzes des Bistums Merseburg bezahlt. Der erfolgreiche Widerstand in Leipzig sollte sich wenig später auszahlen. In der Entscheidungsschlacht bei Mühlberg an der Elbe am 24. April 1547 unterlag Johann Friedrich seinen Widersachern Moritz und Karl V.

Im Dreißigjährigen Krieg fanden 1631/32 nahe der Stadt bei Breitenfeld und Lützen wichtige Schlachten statt. Dabei ereilte nicht nur Schweden-König Gustav II. Adolf der Tod, sondern auch viele Leipziger durch Hunger und Seuchen. Es folgten Belagerungen und Besetzung durch die Schweden. Auf das Zeitalter Augusts des Starken von 1694 bis 1733, das auch auf dessen gerne besuchte Messemetropole ausstrahlte, folgte der Siebenjährige Krieg von 1756 bis 1763. Dieser brachte nicht nur den Bedeutungsverlust Sachsens gegenüber Preußen, sondern auch für Leipzig erneut viel Elend durch die preußische Besetzung. Wie so oft gab es danach eine Phase der Konsolidierung. Unter Kurfürst Friedrich August III. sorgte das „Sächsische Rétablissement" für eine Erholung, wovon auch Leipzig profitierte. Der blutige Höhepunkt jener kriegerischen Zeiten stand dem Handelszentrum des Landes mit der Völkerschlacht 1813, der entscheidenden Niederlage Napoleons, freilich erst noch bevor.

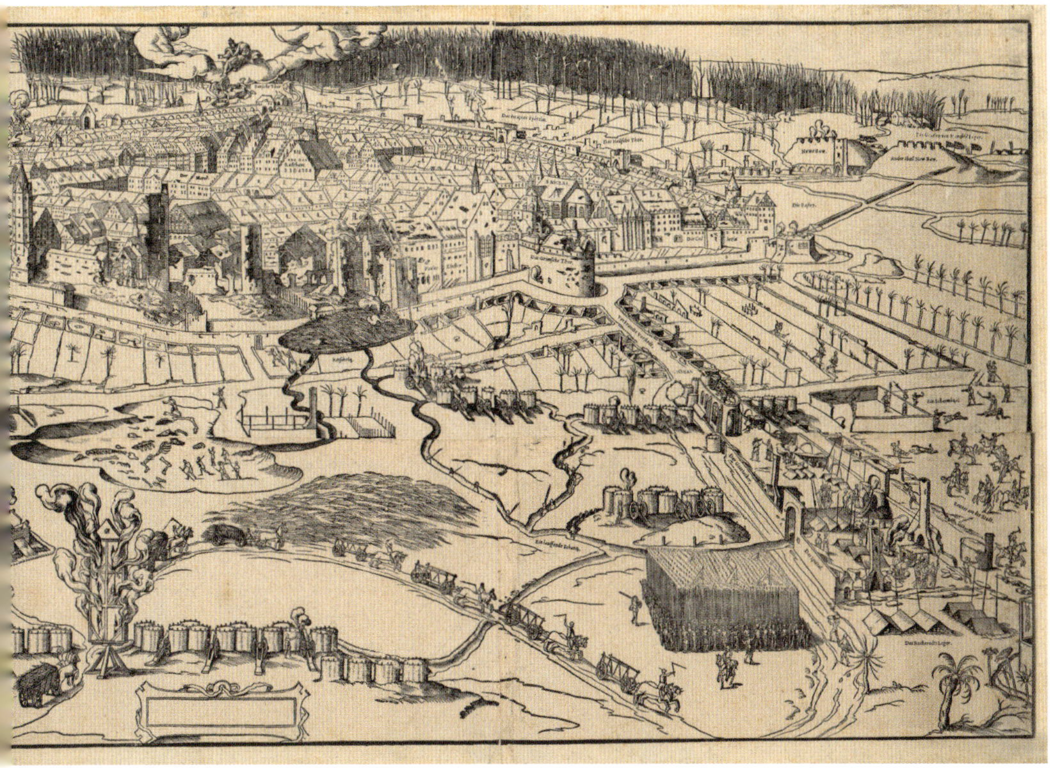

12 Ende mit Schrecken
Die Leipziger Völkerschlacht 1813

Die Völkerschlacht bei Leipzig im Oktober 1813 läutete als eine der größten Schlachten der Weltgeschichte das Ende der napoleonischen Herrschaft ein. Hieran erinnert seit 1913 das imposante Völkerschlachtdenkmal.

Am bedeutsamsten und zugleich verheerendsten von allen rund um Leipzig geschlagenen Schlachten war die Völkerschlacht bei Leipzig 1813. Sie rückte die Stadt in den Blickpunkt der Weltgeschichte und hat bis hin zu einem der größten deutschen Nationaldenkmale die Erinnerungskultur nachhaltig geprägt. Nach der auf den Siebenjährigen Krieg folgenden Erholungsphase brachte das „lange 19. Jahrhundert" zwischen Französischer Revolution 1789 und Erstem Weltkrieg (1914–18) eine Zeit tiefgreifenden Wandels. Leipzigs Weg führte in die bürgerliche, industriell-urbane Moderne. Am Beginn freilich standen die französischen Revolutionskriege und die napoleonische Fremdherrschaft von 1806 bis 1813. Jene kurze, aber folgenreiche Epoche, dominiert vom selbst gekrönten Kaiser der Franzosen, nahm in Leipzig ein wahres Ende mit Schrecken.

Der Russlandfeldzug 1812 leitete den Untergang Napoleons ein, wobei Leipzig zum Schauplatz der Entscheidung in den Befreiungskriegen wurde. In der Völkerschlacht bei Leipzig vom 16. bis 19. Oktober 1813 trafen die verbündeten Heere der Österreicher, Preußen, Russen und Schweden auf Napoleons Truppen. Zu Letzteren zählte auch die sächsische Armee. Kurfürst Friedrich August III., seit 1806 König Friedrich August I. von Sachsen, hielt Napoleon bis zuletzt die Treue und ging in Leipzig in preußische Gefangenschaft. Teile der sächsischen Armee waren allerdings zu den Alliierten übergelaufen. Mit bis zu 600.000 Soldaten, von denen rund 100.000 den Tod fanden oder verwundet wurden, war dies eine der größten Schlachten der Weltgeschichte. Die überlegenen Alliierten siegten nach hartem Ringen über Napoleon. Dieser konnte sich jedoch der Einkreisung nach Osten über Lindenau entziehen und die Reste seiner Truppen nach Frankreich zurückführen. Die Schlacht brachte auch für die Bevölkerung der mit Verwundeten und Toten überfüllten Stadt unbeschreibliches Elend, zudem kostete eine Typhus-Epidemie zahlreichen Leipzigern das Leben.

An den Sieg über Napoleon erinnert das zum 100. Jahrestag am 18. Oktober 1913 in Leipzig eingeweihte Völkerschlachtdenkmal. Als Standort wählte man jenes Schlachtfeld südöstlich der Stadt, auf dem am 18. Oktober 1813 die heftigsten Kämpfe getobt hatten. Das 91 Meter hohe, begehbare Denkmal aus Granitporphyr mit großem Wasserbecken und eingebettet in eine Parkanlage zählt zu den eindrucksvollsten Nationaldenkmälern des Deutschen Kaiserreiches von 1871. Für Sachsen verkörpert das heute vom Stadtgeschichtlichen Museum Leipzig betreute Denkmal aber keinen Triumph, da sich Friedrich August I. 1813

Völkerschlacht-
denkmal von 1913.

nicht zum Frontwechsel hatte durchringen können. Erich Loest verweist in seinem Roman „Völkerschlachtdenkmal" (1984) mit feiner Ironie darauf, dass das im 20. Jahrhundert immer wieder ideologisch umgedeutete Monument zwar von Sachsen und in Sachsen, aber nicht für Sachsen errichtet wurde. Das Königreich von Napoleons Gnaden gehörte zu den großen Verlierern des Wiener Kongresses 1815. Zeitweise gänzlich in seiner Existenz gefährdet, verlor es rund 57 Prozent seines Territoriums an Preußen. Leipzig rückte so an den äußersten nordwestlichen Rand Sachsens. Das verkleinerte Königreich sollte sich dennoch im 19. Jahrhundert zum Motor der Moderne und prosperierenden Industrieland entwickeln – sein Handelszentrum an der Pleiße allen voran.

13 Märzforderungen und Maiunruhen
Die Revolution 1848/49

Die Revolution von 1848/49 hatte einen Nationalstaat und liberale Freiheitsrechte zum Ziel. Mit der Ablehnung der Frankfurter Reichsverfassung durch den preußischen und sächsischen König fand diese jedoch ein Ende. In Leipzig führte das zu den Maiunruhen 1849.

Obwohl Sachsen der große Verlierer des Wiener Kongresses 1815 mit dem Verlust von über der Hälfte seines Territoriums war, wurde König Friedrich August I. bei seiner Rückkehr aus preußischer Gefangenschaft im Juni 1815 jubelnd empfangen und verkörperte den trotzigen Stolz des Landes. Auch seinen Nachfolgern gelang es bis zur Novemberrevolution 1918, der wettinischen Monarchie weiterhin die nötige Akzeptanz in der Bevölkerung zu erhalten. Politisch wurde das Land zunächst im Einklang mit dem Österreich des Fürsten Metternich konservativ ausgerichtet. Nach der Revolution von 1830 folgten eine neue konstitutionelle Verfassung und Staatsreformen. Die Wettiner verstanden sich fortan eher als Repräsentanten des Landes, die sich aus der Tagespolitik heraushielten.

Eine zentrale Forderung aus der Zeit der Befreiungskriege war die nach einem einigen deutschen Vaterland. Der 1815 errichtete Deutsche Bund mit seinen weitgehend unabhängigen Mitgliedern wie dem Königreich Sachsen entsprach keineswegs diesem Idealbild. Die liberale Nationalbewegung verstand den Nationalstaat als äußere Form für einen modernen Verfassungs- und Rechtsstaat. August Heinrich Hoffmann von Fallersleben hat dies 1841 in seinem „Lied der Deutschen" mit der Forderung nach „Einigkeit und Recht und Freiheit" programmatisch formuliert.

Die Nationalbewegung erreichte ihren Höhepunkt in der Revolution von 1848/49, zu der gerade in Sachsen die sozialen Schattenseiten der frühen Industrialisierung mit beitrugen. Im März 1848 sah sich auch der sächsische König Friedrich August II. mit den „Märzforderungen" von Presse- und Versammlungsfreiheit bis hin zur Ablösung feudaler Relikte konfrontiert. Mit besonderem Nachdruck erschollen diese von der Bürgerstadt Leipzig Richtung Residenz Dresden. Eine neue liberale Regierung erfüllte dort die meisten Forderungen, worauf die Entwicklung zunächst in relativ ruhigen Bahnen verlief. Die liberale Mehrheit des Bürgertums, das vom wirtschaftlichen Aufschwung profitierte, strebte einen Kompromiss mit dem Monarchen an. Es gewannen aber auch Vertreter der republikanischen Richtung an Einfluss. Der bekannteste war der Demokrat Robert Blum aus Leipzig. Als Gesandter der Nationalversammlung nahm Blum am Oktoberaufstand in Wien teil, wo er am 9. November 1848 standrechtlich erschossen wurde.

In der seit Mai 1848 in der Frankfurter Paulskirche tagenden Nationalversammlung wurde die Verfassung des künftigen deutschen Nationalstaates ausgearbeitet. Mit deren Ablehnung durch den preußischen König Friedrich Wilhelm IV. im April 1849 fand die Revolution jedoch ein erfolgloses Ende. Das führte auch zu den Leipziger Maiunruhen als blutigem Höhepunkt der Revolution in Sachsen neben dem Dresdner Maiaufstand, an dem auch Leipziger Freiwillige teilnahmen. Friedrich August II. hatte die Paulskirchen-Verfassung ebenfalls abgelehnt, den Landtag aufgelöst und ein konservatives Kabinett berufen. Hierauf kam es zu bewaffneten Aufständen im Lande. Bei den Leipziger Maiunruhen standen Freischaren aus dem Umland, demokratische Bürger und Teile der Kommunalgarde ihren liberal-konservativen Mitbürgern in Barrikadenkämpfen gegenüber. Die Kämpfe vom 6. zum 7. Mai, besonders um die große Barrikade in der Grimmaischen Straße, forderten fünf Todesopfer und zahlreiche Verletzte.

Die Grimmaische Straße war Schauplatz der Leipziger Maiunruhen 1849.

14 Demokratischer Märtyrer
Robert Blum

Der Leipziger Politiker, Publizist und Verleger Robert Blum gehörte zu den bedeutendsten Demokraten der Frankfurter Nationalversammlung 1848/49. Mit seiner Hinrichtung in Wien 1848 wurde er zum Märtyrer, dessen Andenken man in Leipzig pflegt.

Die aufstrebende Bürgerstadt Leipzig gehörte zu den Zentren der liberaldemokratischen Bewegung. Sie brachte auch bedeutende Persönlichkeiten der Revolution von 1848/49 hervor. Heraus ragt hierbei der Politiker, Publizist, Verleger und Dichter Robert Blum. Blum wurde am 10. November 1807 in Köln als Sohn kleinbürgerlicher Eltern geboren. Der Selfmademan arbeitete zunächst im Handwerk und als Theaterdiener. Seinen frühen dichterischen und publizistischen Versuchen war kein durchschlagender Erfolg beschert. 1832 wechselte er von Köln als Theatersekretär, Bibliothekar und Kassenassistent nach Leipzig. Allmählich verschaffte sich Blum hier eine bürgerliche Existenz als Publizist, Verleger und Buchhändler. Mit seinem Engagement für die demokratisch-fortschrittliche Bewegung des „Vormärz" machte er zunehmend auf sich aufmerksam. So beim „Leipziger Gemetzel", als am 12. August 1845 bei einem Besuch des sächsischen Prinzen Johann das königliche Militär eine Demonstration blutig niederschlug. Blum forderte hierauf die ehrenvolle Bestattung der Toten und die Übergabe der Stadt an die Kommunalgarde.

Mit dem Beginn der Revolution im März 1848 schlug die Stunde des Robert Blum, der in Leipzig sofort aktiv wurde. Als Abgeordneter bestimmte er in der Frankfurter Nationalversammlung ab Mai 1848 den Kurs der Demokraten als Fraktionsführer wesentlich mit. Seine Reden in der Paulskirche sorgten für viel Aufmerksamkeit. Als Ziel formulierte er, anders als die Liberalen und Konservativen, eine republikanisch-demokratische Verfassung für den künftigen deutschen Nationalstaat. Im Herbst 1848 begannen allmählich die konservativen Kräfte in Deutschland wieder die Oberhand zu gewinnen. Noch bevor die Revolution im Frühjahr 1849 mit einer Reihe von blutigen Aufständen wie den Leipziger Maiunruhen endgültig scheiterte, eskalierte das Geschehen zunächst in Österreich. Mit seiner Teilnahme am Wiener Oktoberaufstand 1848 und der Erschießung durch österreichisches Militär am 9. November 1848 rückte Blum zum demokratischen Märtyrer auf.

Mit dem Scheitern der Revolution und der preußisch-konservativen „Reichsgründung von oben" 1871 rückte die Erinnerung an die oftmals strafrechtlich verfolgten „Achtundvierziger" lange in den Hintergrund. Es gab aber auch nach 1848/49 weiterhin überzeugte Demokraten. Ein ganz spezielles Zeugnis hierfür ist im Stadtgeschichtlichen Museum zu sehen: der „Verbrechertisch von Leipzig". Unter diesem Namen versammelten sich verurteilte Bürger insbesondere der

Hinrichtung Robert Blums in Wien am 9. November 1848, Stadtgeschichtliches Museum Leipzig.

Maiunruhen 1849 zum Bier, die sich ihre demokratische Gesinnung bewahrt hatten. Zu diesen „Sesshaften“ konnten nicht verurteilte „Zugelassene“ mit gleicher Gesinnung hinzukommen. Zu diesem Kreis gehörten bekannte Namen wie der Naturforscher und Frankfurter Blum-Mitstreiter Adolf Roßmäßler, „Tiervater“ Alfred Brehm und Dichter Fritz Reuter. Auf dem großen runden Eichentisch steht eingraviert: „Aller treu Gedenken, die mit uns gestrebt, kann der Tod doch kränken keinen, der gelebt. 1856“ Die Treffen fanden im heute nicht mehr erhaltenen Kellerlokal „Zur Guten Quelle“ am Brühl 22 statt. Als Versammlungsort spielte der „Verbrechertisch“ auch für die frühe Arbeiterbewegung im „roten Leipzig“ eine wichtige Rolle und wird von „Arbeiterkaiser“ August Bebel in seiner Autobiografie respektvoll erwähnt. Steht der Tisch mittlerweile auch im Museum, so lebt der Geist Robert Blums doch bis heute in der Bürgerstadt Leipzig fort. So wird ein „Robert-Blum-Demokratiepreis“ an Personen verliehen, die sich in seinem Sinne und dem der Friedlichen Revolution 1989 einsetzen.

15 Das „rote Leipzig“
Zentrum der Arbeiterbewegung

Leipzig entwickelte sich als Industriegroßstadt zu einem Zentrum der Arbeiterbewegung. Hier wurde 1863 von Ferdinand Lassalle der älteste Vorläufer der SPD gegründet, die unter „Arbeiterkaiser“ August Bebel zur stärksten Partei Deutschlands aufstieg.

Als „Musterland der Industrialisierung“ entwickelte sich Sachsen zu einem frühen Zentrum der sozialistischen Arbeiterbewegung. Schon seit den 1830er-Jahren gab es Streiks und Proteste. Die Herausbildung der Sozialdemokratischen Partei Deutschlands (SPD) erhielt hier maßgebliche Impulse, allen voran in der größten Industriestadt des Landes. In Leipzig trat mit dem Allgemeinen Deutschen Arbeiterverein (ADAV) Ferdinand Lassalles die erste Massenpartei ins Leben, auf deren Tradition sich die SPD bis heute beruft. Die Pleißestadt darf sich damit auch als Wiege der Sozialdemokratie bezeichnen.

Die Gründung des ADAV fand am 23. Mai 1863 im „Pantheon“ in der Dresdner Straße statt. Das „Pantheon“ war eine Gaststätte mit Ballsaal, die als eines der ältesten und wichtigsten Versammlungslokale der Leipziger Arbeiterschaft galt. Dort sprachen unter anderem die großen Sozialdemokraten August Bebel, Clara Zetkin, Wilhelm Liebknecht und Karl Liebknecht, dort wurden wichtige Entscheidungen getroffen und am 1. Mai 1891 die erste offizielle Maifeier durchgeführt. Im Zuge der Bebauung des Viertels mit Plattenbauten wurde das „Pantheon“ jedoch 1977 auf Beschluss der SED-Bezirksleitung abgerissen. Heute erinnert nur noch ein Gedenkstein an den bedeutenden Ort des „roten Leipzigs“.

1869 erfolgte die Gründung der Sozialdemokratie unter August Bebel und Wilhelm Liebknecht, die sich 1875 mit dem ADAV vereinigte und seit 1891 als SPD firmiert. Führende Parteifunktionäre waren aus dem bürgerlich-demokratischen Vereinswesen hervorgegangen. So besuchte der in den 1860er- bis 1880er-Jahren in Leipzig ansässige spätere „Arbeiterkaiser“ August Bebel den „Verbrechertisch von Leipzig“ mit ehemaligen Revolutionären von 1848/49. Bebel schloss sich dann unter dem Eindruck tiefer sozialer Verwerfungen den Lehren von Karl Marx an. Die Linie der SPD schwankte fortan zwischen Klassenkampf-Rhetorik und realpolitischen Forderungen zur Verbesserung der Lage des Proletariats. Die Ausgrenzung als „rote Gefahr“ im Kaiserreich schweißte die Partei ebenso zusammen wie die Herausforderungen der „sozialen Frage“. Aus der Verfolgung während des Bismarck'schen Sozialistengesetzes von 1878 bis 1890 ging auch die SPD gestärkt hervor. Ein wichtiges Rückgrat war die seit 1894 erscheinende „Leipziger Volkszeitung“ (LVZ). Bei Reichstagswahlen konnten die SPD-Kandidaten Mehrheiten einfahren. Im Landtag und Stadtparlament verhinderten sozial abgestufte Wahlregelungen allerdings eine stärkere Stellung.

Mit der Novemberrevolution 1918 endete nicht nur die Monarchie, sondern wurden auch alle Wahleinschränkungen beseitigt. In der Weimarer Republik spielte die Sozialdemokratie und die neue Kommunistische Partei Deutschlands (KPD) nun auch in der Leipziger Kommunalpolitik eine wichtigere Rolle. Allerdings behielt diese unter dem nationalliberalen Oberbürgermeister Karl Rothe (1918–1930) und seinem konservativen Nachfolger Carl Goerdeler (1930–1937) traditionelle bürgerliche Züge. 1933 wurden SPD und KPD von den Nationalsozialisten verboten und viele ihrer Mitglieder verfolgt. Gegen die NS-Diktatur stemmte sich unter anderem die Widerstandsgruppe um den Leipziger KPD-Reichstagsabgeordneten Georg Schumann, der 1945 vom Volksgerichtshof zum Tode verurteilt wurde. 1946 erfolgte die Vereinigung von SPD und KPD zur DDR-Staatspartei SED, die fortan auch in Stadt und Bezirk Leipzig das Sagen hatte. Nach Friedlicher Revolution und deutscher Wiedervereinigung 1989/90 konnte die SPD teilweise wieder an ihre einstige starke Stellung anknüpfen und stellt seit 1990 mit Hinrich Lehmann-Grube, Wolfgang Tiefensee, Andreas Müller und Burkhard Jung den Oberbürgermeister.

Gedenkstein für die Gründung des ADAV 1863.

16 Alma Mater Lipsiensis
Die Universitätsstadt

Die 1409 gegründete Universität Leipzig ist die zweitälteste in Deutschland mit ununterbrochenem Lehrbetrieb. Sie hat viele bedeutende Gelehrte hervorgebracht und steht mit weiteren traditionsreichen Einrichtungen für die lebendige Hochschulstadt.

Die Alma Mater Lipsiensis gehört zu den renommiertesten Universitäten Deutschlands. Mit ihrer Gründung 1409 bildet sie die zweitälteste Universität mit ununterbrochenem Lehrbetrieb in der Bundesrepublik nach Heidelberg. Ausgangspunkt war der Auszug von deutschen Lehrern und Studenten aus der Prager Universität wegen der Bevorzugung böhmischer Universitätsangehöriger. Die wettinischen Markgrafen und die Stadt Leipzig boten ihnen eine Heimstatt. Noch im gleichen Jahr bestätigte der Papst das neue Studium generale, das maßgeblich vom Landesherrn und durch Kirchenpfründe finanziert wurde.

Waren die Kollegien und Bursen anfangs über die gesamte Stadt verstreut, brachte die Reformation der Alma Mater einen neuen Stammsitz. 1543 übernahm sie das aufgelöste Dominikanerkloster mit der Klosterkirche St. Pauli. Letztere wurde zwei Jahre später von Martin Luther als Universitätskirche geweiht. Der Komplex veränderte fortan mehrfach sein Aussehen. 1836 entstand nach Entwürfen von Friedrich Schinkel ein neues klassizistisches Hauptgebäude am Augustusplatz neben der Paulinerkirche. 1898 wurde an seiner Stelle das neue Augusteum eingeweiht, das sich campusartig über weite Teile des ehemaligen Klosters erstreckte. Zudem entstanden im erweiterten Stadtgebiet neue repräsentative Gebäude, wie die Universitätsbibliothek Albertina im Musikviertel (1891).

Nach der Sprengung der Paulinerkirche und dem Abriss des im Krieg beschädigten Augusteums 1968 entstand am damaligen Karl-Marx-Platz ein neuer sozialistischer Campus für die damalige Karl-Marx-Universität. Mit dem 1972 eingeweihten 142 Meter hohen Uni-Hochhaus wurde dieser durch das bis heute

höchste, stadtbildprägende Gebäude ergänzt. Nach 1990 entschied man sich für einen neuen Campus, der die 1968 beseitigten Baudenkmale in moderner Form adaptiert. 2012 wurde das „Neue Augusteum“ eingeweiht, 2017 folgte das „Paulinum – Aula und Universitätskirche St. Pauli“.

Die großzügig geförderte sächsische Landesuniversität spielte auch für das deutsche Geistesleben eine wichtige Rolle. So gab sie der bürgerlich-aufklärerischen Kultur des 18. Jahrhunderts maßgebliche Impulse. Gottfried Wilhelm Leibniz und Christian Thomasius, beide gebürtige Leipziger, sowie der Pietist August Hermann Francke legten hier ihr akademisches Fundament. Namhafte Studenten und Lehrer der Alma Mater waren Johann Christoph Gottsched, Christian Fürchtegott Gellert, Friedrich Gottlieb Klopstock, Gotthold Ephraim Lessing, Johann Wolfgang Goethe, Albrecht Daniel Thaer, Theodor Mommsen, Friedrich Nietzsche, Wilhelm Wundt, Werner Heisenberg, Hans Meyer und Ernst Bloch.

Auch gingen wichtige Neugründungen wie die Sächsische Akademie der Wissenschaften zu Leipzig (1846) von der Universität aus. Sie hat mit ihren heute mehr als 30.000 Studenten nach 1990 die Deutsche Hochschule für Körperkultur und die Pädagogische Hochschule „Clara Zetkin“ integriert. Hinzu kommen Institute wie das Herder-Institut und das Deutsche Literaturinstitut. Weitere traditionsreiche Einrichtungen der Hochschulstadt Leipzig sind die Hochschule für Grafik und Buchkunst, Hochschule für Musik und Theater „Felix Mendelssohn Bartholdy“, Handelshochschule, Hochschule für Technik, Wirtschaft und Kultur, Hochschule für Telekommunikation und weitere höhere Bildungseinrichtungen.

Neues Augusteum und Paulinum am Augustusplatz.

17 Der Universalgelehrte
Gottfried Wilhelm Leibniz

Gottfried Wilhelm Leibniz gilt als bedeutendster Philosoph des beginnenden Zeitalters der Aufklärung und einer der letzten Universalgelehrten. Seine akademische Karriere begann an der altehrwürdigen Universität seiner Vaterstadt Leipzig.

Gottfried Wilhelm Leibniz gilt als eine herausragende Persönlichkeit der deutschen Geistesgeschichte. Über seine mannigfaltigen Betätigungen als Philosoph, Bibliothekar, Jurist und Diplomat hinaus interessierte er sich für diverse Wissensgebiete. In der Mathematik beschäftigte er sich mit den verschiedensten Bereichen bis hin zu Rechenmaschinen. Ihn trieben Pläne für ein Unterseeboot, die Technik von Türschlössern und Bergwerken, ein Windgeschwindigkeitsmesser und die Gründung einer Witwen- und Waisenkasse um. Ärzten empfahl er regelmäßige Fiebermessung und suchte Beweise für das Unbewusste im Menschen. Nicht zuletzt gilt er als Mitinitiator einer modernen Sprachwissenschaft. Zugleich bemühte er sich, kurz vor Ende des Dreißigjährigen Krieges mit seinen lange nachwirkenden Folgen geboren, um die Harmonisierung der konfessionell gespaltenen Kirche. Mit Blick auf all dies gilt Leibniz auch als einer der letzten, unermüdlich tätigen Universalgelehrten. Über den Anreger der Preußischen Akademie der Wissenschaften in Berlin urteilte König Friedrich der Große: „Er stellte für sich eine ganze Akademie dar."

Gottfried Wilhelm Leibniz wurde am 21. Juni 1646 in Leipzig geboren und zwei Tage später in der Nikolaikirche getauft. Die Welt der Wissenschaft war ihm schon in die Wiege gelegt worden: Der Vater war Jurist und Professor für Moralphilosophie, die Mutter die Tochter eines Professors und Rechtswissenschaftlers. In der umfangreichen heimischen Bibliothek brachte sich das achtjährige „Wunderkind" selbst Latein und Griechisch bei und freundete sich später mit der Mathematik an. Der höhere Bildungsweg begann ebenfalls in seiner Vaterstadt. Von 1655 bis 1661 besuchte er die Nikolaischule, 1661 erfolgte die Immatrikulation an der Alma Mater Lipsiensis. Dort trieb er die Beschäftigung mit der Philosophie voran, zugleich aber auch das Studium der Juristerei. Hieran erinnert das seit seiner Einweihung vor der Thomaskirche 1883 mehrfach verlagerte Leibniz-Denkmal im Innenhof des Campus am Augustusplatz. 1666 verwehrte man Leibniz jedoch altersbedingt an der Leipziger Universität die Promotion zum Doktor der Rechte. So wich er an die Universität Altdorf bei Nürnberg aus und trat anschließend in den Dienst des Mainzer Kurfürsten Johann Philipp von Schönborn.

Von 1676 bis zu seinem Tode 1716 stand Leibniz schließlich im Dienst des welfischen Herzogshauses in Hannover. Er wirkte dort offiziell als Bibliothekar

Leibniz-Denkmal auf dem Uni-Campus.

und übernahm 1691 auch die Leitung der berühmten Herzog August Bibliothek in Wolfenbüttel. Trotz seiner aktiven Tätigkeit als Diplomat der Welfen, die ihn viel zwischen Paris, Wien, Berlin und München reisen ließ, blieb die Philosophie Leibniz' Leidenschaft. In die Geschichte seiner Zunft eingegangen ist er mit der metaphysischen Theorie von den Monaden – einer Art ewiger, einzigartiger, unteilbarer und lebendiger Atome, aus denen sich das ganze Universum zusammensetzt. Mag diese Theorie heute kaum noch präsent sein, so steht Leibniz doch für den wissenschaftlichen Aufbruchsgeist der Aufklärung. Sein häufig zitiertes Diktum von der „besten aller möglichen Welten" steht für den optimistischen Zukunftsglauben des Aufklärers. Nicht der aktuelle Zustand der Welt mit ihrem Guten und Bösen ist der bestmögliche, sondern die Welt mit ihrem Entwicklungspotential ist die beste aller möglichen Welten.

18 Theoria cum praxi
Die Leipziger Akademie

Die 1846 gegründete Sächsische Akademie der Wissenschaften zu Leipzig gehört zu den bedeutenden Gelehrtengesellschaften im aufklärerischen Geiste eines Gottfried Wilhelm Leibniz. Initiatoren waren Professoren der hiesigen Universität.

Der große Leipziger Gelehrte und Philosoph Gottfried Wilhelm Leibniz gehörte zu den Verfechtern des modernen Akademie-Gedankens im aufkommenden Zeitalter der Aufklärung an der Wende zum 18. Jahrhundert. Sein Kollege Immanuel Kant brachte das Grundanliegen jener Epoche später in seinem berühmten Essay „Beantwortung der Frage: Was ist Aufklärung?" (1784) auf die Formel: „Aufklärung ist der Ausgang des Menschen aus seiner selbstverschuldeten Unmündigkeit. Unmündigkeit ist das Unvermögen, sich seines Verstandes ohne Leitung eines anderen zu bedienen. Selbstverschuldet ist diese Unmündigkeit, wenn die Ursache derselben nicht am Mangel des Verstandes, sondern der Entschließung und des Muthes liegt, sich seiner ohne Leitung eines anderen zu bedienen. Sapere aude! Habe Muth, dich deines eigenen Verstandes zu bedienen! ist also der Wahlspruch der Aufklärung." Grundlage für diese geistige Selbstbefreiung war schon in den Augen von Leibniz die Schaffung von vorbehaltlosem und anwendbarem Wissen. Sein lateinischer Wahlspruch lautete: „Theoria cum praxi" – die Verbindung von Theorie und Praxis.

Die ideale Organisationsform hierfür sah Leibniz neben den Universitäten im neuen Typus der wissenschaftlichen Akademie. Gelehrte verschiedener Disziplinen galt es zu regelmäßigem Gedankenaustausch zusammenzuführen, Forschung im interdisziplinären Gespräch zu debattieren, langfristige Projekte zu betreiben. Die ersten Akademien entstanden in Deutschland nach dem Vorbild vor allem Italiens und Frankreichs in Berlin (1700), Göttingen (1751) und Erfurt (1754). Die älteste und bedeutendste ist die Deutsche Akademie der Naturforscher Leopoldina – Nationale Akademie der Wissenschaften (1652) in Halle. Im Vergleich hierzu erfolgte die Leipziger Gründung relativ spät, fand aber rasch ihren geachteten Platz unter den großen Sozietäten. Es besaß ein hohes Maß an Symbolik, dass die Königlich Sächsische Gesellschaft der Wissenschaften am 1. Juli 1846, dem 200. Geburtstag von Gottfried Wilhelm Leibniz, gegründet wurde. Die Initiative war von Professoren der Universität ausgegangen, dem geistigen Zentrum des Landes. Nach der Novemberrevolution 1918 mit dem Ende der Monarchie nahm die Gesellschaft 1919 den Namen Sächsische Akademie der Wissenschaften zu Leipzig an. Sie überstand alle Zäsuren des „Zeitalters der Extreme" im 20. Jahrhundert und liegt seit 1992 in Trägerschaft des Freistaates Sachsen.

Die Tätigkeit der heute rund 200 Mitglieder wird in drei Klassen organisiert.

Portal der Villa Klinkhardt im Musikviertel, Sitz der Akademie.

Zur von Beginn an bestehenden mathematisch-naturwissenschaftlichen und philologisch-historischen Klasse kam 1996 die technikwissenschaftliche Klasse hinzu. Eine Reihe von Kommissionen deckt spezielle Fachgebiete ab. Dabei werden in Kombination von Gelehrtengesellschaft und Forschungsinstitut langfristige Forschungsvorhaben betrieben. Im Laufe der Zeit zählte die Akademie bedeutende Wissenschaftler zu ihren Mitgliedern, darunter Nobelpreisträger wie den Historiker Theodor Mommsen und die Physiker Werner Heisenberg, Max Planck und Gustav Hertz. Unter den Projekten finden sich viele Bezüge zur reichen Leipziger Wissenschafts- und Kulturgeschichte. Der Musikstadt widmen sich die Ausgabe der Werke von Felix Mendelssohn Bartholdy, die Schumann-Briefedition des Musikerpaares Robert und Clara Schumann und das Bach-Repertorium. Die Edition der Briefe des Dichters, Literaturtheoretikers und Universitäts-Professors Johann Christoph Gottsched und eine Forschungsplattform zu Goethes Leben und Wirken werfen Schlaglichter auf die Literaturstadt.

19 Begründer der Psychologie
Wilhelm Wundt

Der bedeutende Gelehrte Wilhelm Wundt gründete 1879 an der Universität Leipzig das weltweit erste Institut für Psychologie und gilt als Gründervater der jungen Wissenschaft. Über Jahrzehnte wirkte er als zugkräftiges Aushängeschild der Alma Mater.

Die Universitätsstadt Leipzig hat der Welt der Wissenschaft so manchen nachhaltigen Impuls verliehen. Aber kaum ein an der altehrwürdigen Alma Mater Lipsiensis wirkender Gelehrter hat sein Fachgebiet so geprägt wie Wilhelm Wundt. Über vier Jahrzehnte hielt er geradezu legendäre Lehrveranstaltungen und Experimente zu verschiedensten Gebieten der Psychologie ab, zog Studenten und Kollegen aus aller Welt an die Pleiße und stieg bis zum Rektor der Universität auf. Insbesondere aber gründete er 1879 das erste Institut für Psychologie und entfaltete eine systematische Forschungsarbeit. Die Psychologie war zu diesem Zeitpunkt noch auf dem Wege zu einer anerkannten Wissenschaft am Schnittpunkt zwischen Sozial- und Naturwissenschaften, zwischen Philosophie und Physiologie. Wundt hat diesen Weg maßgeblich bestimmt und gilt als Begründer der Psychologie. Gegenstand von deren Forschungsinteresse ist die systematische Beschreibung und Erklärung des menschlichen Erlebens und Verhaltens, von deren Entwicklung im Laufe der Lebensalter und aller relevanten inneren und äußeren Ursachen und Bedingungen hierfür.

Der 1832 im pfälzischen Neckarau geborene Pfarrerssohn studierte in Heidelberg und Tübingen Medizin, Naturwissenschaften und Philosophie. Bald rückten Physiologie und Medizinische Physik in den Mittelpunkt seiner Arbeit. Nach ersten Professuren in Heidelberg und Zürich wechselte Wundt 1875 auf die Professur für Philosophie in Leipzig. Er ging keineswegs zufällig in die aufstrebende sächsische Metropole. Seit Mitte des 19. Jahrhunderts hatten sich dort die Professoren Ernst Heinrich Weber und Gustav Theodor Fechner dem Zusammenhang zwischen subjektivem Erleben und physikalischen Reizen der Umwelt gewidmet. Fechner prägte hierfür den Begriff Psychophysik. Damit war eine Basis gelegt, auf der Wundt aufbauen konnte. 1879 gründete er seine private Experimental-Psychologische Versuchsanstalt – das weltweit erste Institut für Psychologie. 1884 wurde es in das Institut für experimentelle Psychologie der Universität umgewandelt. Ausdruck für seine wachsende Anerkennung war unter anderem Wundts Rektorat der Universität 1889/90. 1913 entstand am Institut eine Abteilung für Völkerpsychologie, mit der sich Wundt ebenfalls intensiv beschäftigte. 1917 emeritiert, verstarb Wundt 1920 in Großbothen bei Grimma.

Wilhelm Wundt war über Jahrzehnte so etwas wie ein Aushängeschild der Universität. Er zog zahlreiche Wissenschaftler und Studenten nach Leipzig. Seine

Gedenktafel im Innenhof des Universitäts-Campus.

Vorlesungen, Seminare und Experimente im Labor galten als akademische Attraktionen. Einflussreiche Standardwerke entstammen seiner Feder, wie die vielfach aufgelegten „Grundzüge der physiologischen Psychologie“ (1874), „Grundzüge der Psychologie“ (1896) und die zehnbändige „Völkerpsychologie. Eine Untersuchung der Entwicklungsgesetze von Sprache, Mythus und Sitte“ (1900–1920). Von seinen 184 Doktoranden, seinen Mitarbeitern und Gastwissenschaftlern stammten viele aus dem Ausland. Sie trugen den Ruf des Leipziger Professors bis nach Amerika und Asien, wo man ihm auf dem Campus der Universität Chongqing in China sogar ein Bronzedenkmal errichtet hat. Natürlich ist der Pionier einer der spannendsten Humanwissenschaften auch an seiner einstigen Wirkungsstätte nicht in Vergessenheit geraten. Nach zahlreichen früheren Ehrungen erhielt er 2016 im Innenhof des neuen Campus am Augustusplatz eine Gedenktafel, 2019 verlieh man seiner Gründung feierlich den Namen Wilhelm-Wundt-Institut für Psychologie.

20 Von Goethe bis Loest
Die Literaturstadt

Leipzig hat als Literaturstadt große Namen von Lessing, Goethe und Schiller über Büchner, Fontane und Kästner bis zu Maier und Loest zu bieten. Impulse kommen von Institutionen wie dem Deutschen Literaturinstitut und Herder-Institut.

Die Stadt Leipzig hat viele bedeutende Künstler aller Gattungen beherbergt und renommierte Institutionen hervorgebracht. Ein wenig im Schatten besonders der Musik steht dabei die Literatur. Dabei kann auch diese mit großen Namen aufwarten. So zählten zur Studentenschaft der Universität Leipzig unter anderem Gotthold Ephraim Lessing und Johann Wolfgang Goethe, zu deren Lehrern gehörten hochrangige Dichter und Literaturtheoretiker wie Johann Christoph Gottsched. Goethe hat dem „Klein-Paris" durch sein Faust-Drama mit der Szene in „Auerbachs Keller" einen festen Platz in der Weltliteratur gesichert. Die Gedenkstätte Schillerhaus in Gohlis verweist auf einen Aufenthalt Friedrich Schillers. Dieser arbeitete dort als Gast seines Gönners Christian Gottfried Körner, Vater des Dichters Theodor Körner, unter anderem an der Ode „An die Freude".

Leipzig bot über die Heroen der klassischen Literatur hinaus auch anderen Schriftstellern direkte und indirekte Anregungen. Georg Büchners Drama „Woyzeck" gehört zu den meistgespielten und einflussreichsten der deutschen Literatur. Beim frühen Tod des Autors 1837 als Fragment hinterlassen und erst Jahrzehnte später popularisiert, verkörpert es mit seiner lockeren Episoden-Folge den Typus des offenen Dramas. Die sozialkritische Handlung basiert auf dem Fall des geistig verstörten Mörders Johann Christian Woyzeck, der am 27. August 1824 auf dem Markt in Leipzig hingerichtet worden war. Auch Theodor Fontane, Erich Kästner und Joseph Roth lebten zeitweise in Leipzig. Der junge Fontane hat 1841 die kulturfreudige Pleißestadt wie viele andere Zeitgenossen als eindrucksvolles Erlebnis wahrgenommen: „Ich war ganz benommen und möchte behaupten, dass nichts wieder in meinem Leben einen so großen, einen so berauschenden Eindruck auf mich gemacht hat."

In jüngerer Vergangenheit verankerte Erich Loest Leipzig nachhaltig in der Literaturgeschichte. Die Karriere von Loest begann 1948 als Journalist bei der „Leipziger Volkszeitung". Zwei Jahre später wurde er freier Schriftsteller. 1957 im Rahmen der Entstalinisierungsdebatten zu langjähriger Zuchthaustrafe verurteilt, verließ Loest 1981 die DDR, kehrte 1990 nach Leipzig zurück und verstarb hier 2013. Loest gilt als einer der bedeutendsten deutschen Autoren der zweiten Hälfte des 20. Jahrhunderts. Unter seinen Werken ragt der prominent verfilmte Roman „Nikolaikirche" (1995) heraus, der die Friedliche Revolution als Familiengeschichte zwischen „Stasi" und

Die „Runde Ecke" spielt als ehemalige MfS-Bezirksverwaltung in Erich Loests Roman „Nikolaikirche" eine wichtige Rolle.

Bürgerbewegung literarisch spiegelt. Den DDR-Alltag in Leipzig thematisiert auch der Roman „Es geht seinen Gang oder Mühen in unserer Ebene" (1978), während „Völkerschlachtdenkmal" (1984) satirisch Stadtgeschichte von Napoleon bis zur DDR bietet.

Erich Loest hatte als einer der ersten am 1955 gegründeten Literaturinstitut „Johannes R. Becher" studiert, einer im deutschsprachigen Raum einmaligen Einrichtung zur Ausbildung von Schriftstellern. Hieraus ging 1995 das Deutsche Literaturinstitut an der Universität Leipzig hervor. Zu Letzterer gehört auch das 1956 gegründete Herder-Institut. Während es ursprünglich der Sprachvermittlung an ausländische Studenten und – analog zum westlichen Goethe-Institut – der Förderung der deutschen Sprache im Ausland diente, beschäftigt es sich heute mit Deutsch als Fremdsprache. Zu den renommierten Literaturwissenschaftlern der Alma Mater zählte Hans Mayer. Der Büchner-Experte verließ 1963 nach Reibereien mit der SED die DDR und ist ebenso wie Erich Loest Ehrenbürger Leipzigs.

21 Mein Leipzig lob' ich mir
Johann Wolfgang Goethe

Der deutsche Nationaldichter schlechthin erhielt als Student in Leipzig wichtige geistige Impulse, die bis in die Weimarer Klassik nachwirkten. Seiner Studienstätte hat Goethe mit der Faust-Szene in „Auerbachs Keller" zu literarischem Weltruhm verholfen.

Johann Wolfgang Goethe ist einer der ganz Großen der Weltliteratur. Er hat mit seinen Mitstreitern wie Friedrich Schiller in den Jahrzehnten um 1800 das Deutsche endgültig in den Kreis der großen Kultursprachen gehoben. Nicht zufällig führt so auch jenes Institut seinen Namen, welches die deutsche Sprache und Kultur weltweit befördert. Heute spricht man von der Weimarer Klassik, bei der es in der kleinen thüringischen Herzogsresidenz mit ihrer benachbarten Universitätsstadt Jena zu einer einmaligen Verdichtung kultureller Leistungen der sprichwörtlichen Dichter und Denker kam. Dies gilt als ein Höhepunkt der Aufklärung, der der bürgerlichen Gesellschaft des 19. Jahrhunderts wesentliche Impulse verlieh. Seine Protagonisten, allen voran Goethe und Schiller, wurden zu Leitfiguren der sich entfaltenden Kulturnation. Mag dabei auch Weimar mit seinem berühmten Doppeldenkmal als Synonym für jenes Aufbruchszeitalter gelten, so hat auch die kulturfreudige Universitätsstadt Leipzig ihren Beitrag geleistet. Hier erhielt der junge Goethe wichtige geistige Prägungen und hat seine Studienstätte später in der Weltliteratur verewigt.

1765 begann der sechzehnjährige Frankfurter Bürgersohn in Leipzig das Studium der Rechte. Es war kein Wunschstudium, der Vater hatte mit Nachdruck Ort und Fakultät empfohlen. Der Sohn sollte einmal eine honorige Position als Jurist oder Beamter erlangen. Freilich fand der junge Mann rasch viel mehr Gefallen am kulturell-gesellschaftlichen Leben der pulsierenden Messemetropole. Am nachhaltigsten dürfte der Einfluss des Künstlers Adam Friedrich Oeser gewirkt haben, bei dem Goethe Zeichnen lernte. Oeser machte ihn mit den Gedanken Johann Joachim Winckelmanns vertraut, dem Gründervater des Klassizismus. Jene idealisierte Antike, auf das Schlagwort von der „edlen Einfalt und stillen Größe" gebracht, beeinflusste später maßgeblich die Weimarer Klassik. Oeser war 1764 Gründungsdirektor der Leipziger Akademie für Malerei, aus der die heutige renommierte Hochschule für Grafik und Buchkunst Leipzig hervorging. 1768 zwang eine schwere Erkrankung Goethe zum Abbruch des Studiums in Leipzig, das er erst drei Jahre später in Straßburg abschließen konnte.

Goethe verlieh später seiner Studienstätte im ersten Teil der Tragödie „Faust" 1809 mit der Szene in „Auerbachs Keller" literarischen Weltruhm. Kein anderes Werk der deutschen Literatur ist so oft aufgeführt, interpretiert, übersetzt und von nachfolgenden Autoren adaptiert worden. Der wissbegierige Gelehrte Faust und sein teuflischer Reisebegleiter Mephisto spielen in dem traditionsreichen

Mephisto und Faust
vor „Auerbachs Keller".

Weinkeller Leipziger Studenten einen Streich. Als diese merken, dass sie zum Besten gehalten werden, verlassen Faust und Mephisto auf einem Weinfass reitend das Lokal. Während das Studentenleben eher derb-trinkfreudig geschildert wird, klingt beim Ort des Geschehens Anerkennung durch. Dem Studenten Frosch legt Goethe jene Worte in den Mund, die seither unzählige Male zitiert wurden: „Mein Leipzig lob' ich mir! / Es ist ein klein Paris und bildet seine Leute." Die Wendung vom „Klein-Paris" war schon vor Goethes Zeiten gängig. Sie spielte auf die Weltläufigkeit der bedeutenden Messestadt an, in der man problemlos à la mode leben konnte. An die Szene in „Auerbachs Keller" erinnern seit 1913 die Bronzefiguren von Faust und Mephisto sowie den verzauberten Studenten am Eingang in der Mädlerpassage, geschaffen vom Leipziger Künstler Mathieu Molitor.

22 An die Freude
Friedrich Schiller

Christian Gottfried Körner ermöglichte Friedrich Schiller 1785 einen unbeschwerten Sommer im Dorf Gohlis vor den Toren Leipzigs. Hieran erinnert das Schillerhaus des Stadtgeschichtlichen Museums, wo die Ode „An die Freude" entstand.

Es wirkt ein wenig fremd, das offenkundig in eine andere Zeit gehörende Bauernhaus in der Menckestraße der nördlichen Gründerzeitvorstadt Gohlis. Zwischen zwei deutlich höheren Wohnhäusern der Großstadtstraße förmlich eingeklemmt, verrät die Tafel an der Stirnseite des Gebäudes den Grund seines ungewöhnlichen Überdauerns: „Hier wohnte Schiller und schrieb das Lied an die Freude im Jahre 1785." Im 19. Jahrhundert genoss der Freundschafts- und Freiheitsdichter Friedrich Schiller große Popularität. Das liberal-demokratische Leipziger Bürgertum nutzte Anlässe wie das von Robert Blum organisierte Schillerfest 1840 für literarisch getarnte Forderungen nach bürgerlichen Freiheitsrechten und einem deutschen Nationalstaat – wie sie in der Revolution 1848/49 dann ganz offen erhoben wurden. Der spätere Märtyrer der Demokraten war es auch, der 1841 die Umwandlung des Bauernhauses im damaligen Dorf Gohlis vor den Toren der Stadt zum Gedenkort samt besagter Gedenktafel initiierte. Seither kann man sich dort des folgenreichen Aufenthaltes von Mai bis September 1785 erinnern, bei dem Schiller auch am Don Carlos und Fiesco arbeitete. Zunächst war es der von Blum gegründete Leipziger Schillerverein, der das Gebäude bewahrte und zum Museum ausbaute. Das Umfeld des pittoresken Anwesens wandelte sich dabei rasant vom Dorf zum Stadtteil der Industriegroßstadt Leipzig. Seit 1961 liegt es in der Obhut des Stadtgeschichtlichen Museums.

Aber was machte der gebürtige Schwabe, der in Thüringen zusammen mit dem einstigen Leipziger Studenten Johann Wolfgang Goethe literarischen Weltruhm erringen sollte, 1785 in einem Dorf nahe Leipzig? Der deutsche Nationaldichter Schiller, neben Goethe einer der Heroen der Weimarer Klassik, hatte zunächst ein unstetes Wanderleben geführt. 1759 im württembergischen Marbach geboren, floh er 1782 aus dem bedrückenden Dienst als herzoglicher Militärarzt. Der Autor des Sturm-und-Drang-Stücks „Die Räuber" kam als Theaterdichter in Mannheim unter, 1785 lief der Vertrag jedoch aus. Erst die Unterstützung des Juristen, Schriftstellers und Freimaurers Christian Gottfried Körner befreite Schiller von seinen existenziellen Nöten. Körner, Vater des späteren Dichters der Befreiungskriege Theodor Körner, war gebürtiger Leipziger. Er hatte hier bis 1783 auch seinen Lebensmittelpunkt gehabt, ehe er in die Residenz Dresden übersiedelte und dort in den höheren Staatsdienst eintrat. So wechselte auch sein Schützling Schiller von 1785 bis 1787 nach Dresden.

Museum Schillerhaus in Gohlis.

Die Gastfreundschaft seines Verehrers und Freundes bescherte Schiller eine unbeschwerte Zeit, die er unter anderem für die Vollendung seiner Ode „An die Freude" nutzte. Nun erheben aber beide sächsischen Metropolen, in denen Körner seinen Dichterfreund beherbergte, Anspruch auf den Status als Entstehungsort jenes Stückes Weltliteratur, das in der Vertonung Ludwig van Beethovens zur Europahymne wurde. Denn neben dem Leipziger Schillerhaus hat sich auch in Dresden ein idyllischer und seit dem 19. Jahrhundert ähnlich historisch aufgeladener Erinnerungsort erhalten. Im „Schillerhäuschen" in den Weinbergen bei Loschwitz soll der Dichter seine Ode „An die Freude" im Herbst 1785 vollendet haben. Letztlich ist es müßig darüber zu rechten, wo denn nun der „schöne Götterfunken" entscheidend übergesprungen ist. Sicher scheint, dass sich das „Lied an die Freude", wie es am Schillerhaus heißt, der Freundschaft zu Christian Gottfried Körner verdankt. So gilt denn auch die berühmte Ode als poetische Freundschaftserklärung.

23 Treffpunkt der Welt
Die Messestadt

Leipzig stieg seit dem ausgehenden Mittelalter zu einer der bedeutendsten Messestädte Europas auf. Hiervon zeugen prächtige Messepaläste in der City und das Alte Messegelände. Herzstück der heutigen Messestadt ist das 1996 eingeweihte Neue Messegelände.

Leipzig hatte sich bereits im Mittelalter dank seiner günstigen Lage an den europäischen Fernhandelswegen Via Regia und Via Imperii sowie gefördert vom wettinischen Landesherrn zu einer wichtigen Handelsstadt entwickelt. Der Durchbruch zur Handelsmetropole setzte jedoch erst an der Schwelle zur Neuzeit ein. Entscheidende Voraussetzung hierfür waren zwei kaiserliche Messeprivilegien Maximilians I. von 1497 und 1507. Sie bremsten die regionale Konkurrenz aus, insbesondere Magdeburg und Erfurt. Leipzig wurde damit zur wichtigsten Messestadt in Mitteldeutschland, die bald auf ganz Deutschland ausstrahlte und schließlich internationale Bedeutung erlangte.

Das Aufblühen lässt sich an den Messe- und Handelshäusern im Stil des Barocks und Rokokos ablesen. Eines der prächtigsten ist das „Königshaus“, 1707 von Kaufmann Andreas Dietrich Apel am südlichen Markt aufwändig umgebaut. Hier pflegte der sächsische Kurfürst und polnische König August der Starke bei seinen Messebesuchen abzusteigen. Für den regen Handel und Wandel steht auch die Alte Börse von 1678. Die Weltläufigkeit der Messestadt zeigt sich ebenso im frühen Aufgreifen exotischer Genüsse, woran das Museum „Zum Arabischen Coffe Baum“ als eines der ältesten Cafés in Europa erinnert.

Eine wichtige Zäsur brachte die Einführung der Mustermesse 1895. Noch heute steht das doppelte „M“ als Logo für die Leipziger Messe, die als erste zu diesem Prinzip überging. Die Unternehmen brachten nur noch ein Muster ihrer im Industriezeitalter zunehmend normierten Waren mit, die dann bestellt werden konnten. Die Jahre um 1900 führten zudem zu einem weitgehenden Umbau der Innenstadt, in der zahlreiche prächtige Messepaläste mit Passagen und Höfen im Stil der Gründerzeit entstanden. Ein weiterer wichtiger Schritt war die Anlage der heutigen „Alten Messe“ am südöstlichen Stadtrand in der Achse Innenstadt-Deutsche Bücherei-Völkerschlachtdenkmal. Sie wurde 1913 mit einer Baufachmesse eingeweiht und diente seit 1920 als Technische Messe. Die großen Messehallen erweiterten die Kapazität der in den „Goldenen Zwanzigern“ erneut boomenden Messe erheblich.

Das Messegelände diente von den 1920er- bis in die 1990er-Jahre als Herzstück, während auch die Messepaläste in der Innenstadt weiter genutzt wurden. In der DDR-Zeit gewann die Leipziger Messe als internationale Ost-West-Drehscheibe eine besondere Bedeutung. Die Rundgänge mit den SED-Oberen um Walter Ulbricht und Erich Honecker wurden zu Staatsakten. Auch Treffen mit

Westpolitikern, wie dem bayerischen Ministerpräsidenten Franz Josef Strauß, der 1983 die Milliardenkredite an die DDR vermittelte, fanden in Leipzig statt. Zum bis heute beliebten Maskottchen der Messe von Welt wurde 1964 das „Messemännchen“ mit einem Globus als Kopf, gewissermaßen der Bruder des ebenfalls von Gerhard Behrendt geschaffenen Sandmännchens aus dem DDR-Kinderfernsehen.

Den Umbruch nach 1990 hat die Leipziger Messe ebenfalls gemeistert. Hierfür steht die 1996 eingeweihte Neue Messe am nördlichen Stadtrand. Dort werden statt der einstigen Universalmessen spezialisierte Publikums- und Fachmessen durchgeführt. Die im Frühjahr stattfindende Buchmesse erfreut sich auch dank eines reichhaltigen Rahmenprogramms, wie dem Festival „Leipzig liest“, besonderer Beliebtheit. Hinzu kommen große Kongresse, Tagungen und Events im Congress Center Leipzig auf dem Messegelände und in der Kongreßhalle am Zoo. Die Messepaläste wurden überwiegend zu Geschäftshäusern umgebaut, während die Alte Messe heute gewerblichen und kulturellen Nutzungen dient.

Messemännchen.

24 Druck, Handel und Verlage

Die Buchstadt

Leipzig wurde schon kurz nach der bahnbrechenden Erfindung um 1450 zu einem Zentrum des Buchdrucks und stieg zur deutschen Metropole von Buchhandel und Verlagswesen auf. Heute erinnern hieran Nationalbibliothek und Buchmesse.

Die Universitäts- und Messestadt Leipzig mit ihrer wohlhabenden Bürgerschaft und weitreichenden Handelsverbindungen gehörte zu den frühen Zentren des Buchdrucks und stieg zur deutschen Metropole von Buchhandel und Verlagswesen auf. Die bahnbrechende Erfindung des Buchdrucks mit beweglichen Metalllettern durch Johannes Gutenberg um 1450 fand in Leipzig bereits in den 1460er-Jahren Anwendung. Der erste nachweisbare Leipziger Druck von Marcus Brandis, ein „Kommentar zur Apokalypse", datiert auf 1481. Fortan sollte das „schwarze Gewerbe" mit zahlreichen Druckereien eine ebenso wichtige Rolle spielen wie der nun schwunghaft zunehmende Handel mit Büchern. Im 19. Jahrhundert prägten schließlich viele große Verlage wie Baedeker, Brockhaus, Hirzel, Insel, Kiepenheuer, Peters, Reclam, Seemann, Teubner und Thieme ganz maßgeblich das Profil Leipzigs.
Im Zuge der Expansion der Großstadt entstand ein Graphisches Viertel in der Ostvorstadt, wo die meisten Verlage, Druckereien und Buchgroßhändler mit Tausenden Beschäftigten angesiedelt waren. Von Leipzig gingen Innovationen wie Reclams Universal-Bibliothek aus, die mit Goethes „Faust" 1867 beginnend große Literatur zu kleinen Preisen massentauglich machte.

Leipzig blieb bis weit ins 20. Jahrhundert hinein die führende deutsche Verlags- und Druckereistadt. Hier befand sich auch seit 1825 der Sitz des Börsenvereins der Deutschen Buchhändler zu Leipzig als nationaler Interessenverband. Anstelle von dessen ehemaligem Deutschen Buchhändlerhaus im Graphischen Viertel erinnert heute das „Haus des Buches" an diese Tradition. Nach der Zweiteilung in einen Ost- und West-Verband ist der Börsenverein des Deutschen Buchhandels jedoch seit 1991 in Frankfurt/M. ansässig. Seine historischen Bestände werden dagegen im Deutschen Buch- und Schriftmuseum der Deutschen Nationalbibliothek in Leipzig bewahrt. Das 1884 vom Börsenverein gegründete und damit weltweit älteste Fachmuseum seiner Art erhielt 2011 am Deutschen Platz neben der Deutschen Bücherei einen modernen Neubau.

Jene Deutsche Bücherei war 1912 als Archivbibliothek des gesamten nationalen Schrifttums gegründet worden. Das 1916 eingeweihte repräsentative Gebäude am neu angelegten Deutschen Platz zählt zu den herausragenden Neubauten der Gründerzeit. Nach der deutschen Teilung bestanden parallel in der DDR die Deutsche Bücherei in Leipzig und in der Bundesrepublik die Deutsche Bibliothek in Frankfurt. 2006 wurden die im Zuge der Wiedervereinigung zusammengelegten Einrichtungen in Deutsche Nationalbibliothek (DNB) umbenannt. Heute teilt sich Leipzig den Status als deutsche Buchhauptstadt mit Frankfurt. Während die Deutsche Nationalbibliothek an beiden Orten präsent ist, ziehen die jährlichen Buchmessen in Leipzig und Frankfurt jeweils im Frühjahr und Herbst mit ganz eigenem Profil Tausende Besucher an.

Haupteingang der Deutschen Bücherei.

25 Thomaner und Gewandhaus
Die Musikstadt

Die Musikstadt Leipzig ist eng verbunden mit großen Musikerpersönlichkeiten wie Johann Sebastian Bach, Felix Mendelssohn Bartholdy, Robert Schumann und Richard Wagner. Ihre Flaggschiffe sind der Thomanerchor und das Gewandhaus.

Das bürgerliche Kulturzentrum Sachsens als Gegenpol zur Residenz Dresden manifestiert sich nicht zuletzt in seiner lebendigen Musiktradition. Hiervon zeugen eng mit Leipzig verbundene große Namen wie Bach, Mendelssohn Bartholdy, Schumann und Wagner ebenso wie der Thomanerchor und das Gewandhausorchester. Die Wurzeln hierfür liegen im 18. Jahrhundert. Die wohlhabende Messestadt leistete sich nun auch ein ambitioniertes Musikleben. Johann Sebastian Bach schrieb als Thomaskantor (1723–1750) Musikgeschichte von Weltrang. Felix Mendelssohn Bartholdy wirkte als Gewandhaus-Kapellmeister (1835–1847) und leitete das von ihm 1843 gegründete Konservatorium. Die großen Komponisten Robert Schumann und Richard Wagner besitzen ebenfalls biografische Wurzeln in Leipzig. Leipzig ist freilich nicht nur eine Stadt voller Musikgeschichte, sondern zeichnet sich auch durch ein breit gefächertes zeitgenössisches Musikleben aus. Das Spektrum reicht von klassischen Formaten, wie Bachfest, Wagner- und Mendelssohn-Festtage und Schumann-Festwoche, über MDR-Musiksommer und Leipziger Jazztage bis hin zum beliebten Wave-Gotik-Treffen der „schwarzen Szene“ jeweils zu Pfingsten.

Neben den großen Musikern wird die Musikstadt Leipzig von zwei international renommierten Einrichtungen repräsentiert: dem Thomanerchor und dem Gewandhaus. Die „Thomaner“ zählen zu den bekanntesten Knabenchören und blicken auf eine über 800-jährige Tradition zurück. Der Chor wurde 1212 zusammen mit der Thomasschule gegründet. So gilt er mit dem Aachener Domchor, den Regensburger Domspatzen und dem Stadtsingechor zu Halle als einer der vier ältesten Knabenchöre Deutschlands. Träger war ursprünglich das Augustiner-Chorherrenstift St. Thomas, als dessen Stiftskirche die spätere evangelische Thomaskirche fungierte. Leiter des Chores und Kantor der Thomaskirche mit dem klangvollen Titel „Cantor zu St. Thomae et Director Musices Lipsiensis“ ist der Thomaskantor, seit der Reformation vom Stadtrat in Abstimmung mit der Kirchengemeinde ausgewählt. In dem von renommierten Musikern wie Johann Sebastian Bach geleiteten Chor singen Knaben im Alter von 9 bis 18 Jahren. Diese wohnen im Internat, dem Thomasalumnat, und besuchen die Thomasschule, ein Gymnasium mit vertiefter musischer Ausbildung.

Als zweites Flaggschiff der Musikstadt gilt das Gewandhaus. Benannt nach der ursprünglichen Nutzung des ersten Vorgängers in der heutigen Kupfergasse als Textil-Messehaus, wurde das Gebäude

Gewandhaus zu Leipzig mit Mendebrunnen am Augustusplatz.

1781 zum Sitz des auf bürgerschaftliche Initiative entstandenen Gewandhausorchesters. 1884 entstand ein Neues Konzerthaus im Musikviertel, das im Zweiten Weltkrieg beschädigt und 1968 abgerissen wurde. Heute befindet sich dort vis-a-vis der Universitätsbibliothek das Geisteswissenschaftliche Zentrum der Universität. Seit 1946 musste das Orchester in die Kongreßhalle am Zoo ausweichen. 1981 konnte am Augustusplatz, dem damaligen Karl-Marx-Platz, das moderne Neue Gewandhaus eingeweiht werden. Es war unter anderem Wirkungsstätte des Gewandhaus-Kapellmeisters Kurt Masur, der während der Friedlichen Revolution 1989 eine wichtige Rolle spielte. Masur und dem internationalen Ruf des Orchesters war es zu verdanken, dass Leipzig die einzige neue Konzerthalle der DDR erhielt. Architektur und Akustik des Neubaus fanden weltweit große Anerkennung.

26 Meister des Barock
Johann Sebastian Bach

Johann Sebastian Bach schrieb in Leipzig als Thomaskantor und Komponist musikalische Weltgeschichte. Hier entstanden viele seiner Meisterwerke. Die Bach-Erinnerungsorte rund um die Thomaskirche gehören zum kulturellen Erbe der Menschheit.

Das von seiner Bürgerschaft geprägte Kulturzentrum Leipzig gewann seit dem 18. Jahrhundert große Strahlkraft, nicht zuletzt dank eines ambitionierten Musiklebens. Heraus ragt hierbei mit Johann Sebastian Bach der wohl größte aller Barockmusiker. Bach schrieb, nach ersten Schaffensphasen in seiner Heimat Thüringen und in Köthen, von 1723 bis zu seinem Tode 1750 in Leipzig Musikgeschichte von Weltrang. Hier entstanden viele seiner Hauptwerke, wie die Johannespassion, Matthäuspassion, h-Moll-Messe und das Weihnachtsoratorium. Als Thomaskantor stand Bach einem der ältesten und renommiertesten Knabenchöre weltweit vor. Die Thomaskirche mit der 1212 von Markgraf Dietrich dem Bedrängten gegründeten Thomasschule ist bis heute ein musikalischer Brennpunkt. Hunderttausende besuchen jährlich die Kirche mit der Grabstätte und das Bach-Museum im Bosehaus mit dem Bach-Archiv. Das 1908 eingeweihte Bach-Denkmal vor der Thomaskirche zählt zu den bekanntesten Ikonen der Kulturnation. Seine repräsentative ewige Ruhe fand der Musiker übrigens erst zwei Jahrhunderte nach seinem Tode. Zunächst auf dem Johannisfriedhof beigesetzt, wurden seine mutmaßlichen Gebeine 1904 in die Johanniskirche und 1949 in die Thomaskirche überführt.

Obwohl Bach durchaus auch weltliche Musik komponierte, gilt sein Schaffen vor allem als Gipfel evangelischer Kirchenmusik und Klang gewordene Reformation. Der schwedische Bischof Nathan Söderblom bezeichnete Bach 1929 gar als „fünften Evangelisten".

Die in Thüringen weitverzweigte Musikerfamilie der „Bache" lässt sich bis ins 16. Jahrhundert zurückverfolgen. Als ihr Stammort gilt Wechmar bei Gotha. Johann Sebastian Bach, dessen Eltern aus Erfurt stammten, wurde 1685 in Eisenach geboren. Er bekam als Organist in Arnstadt, Mühlhausen und Weimar erste Anstellungen. Allerdings wird man Bachs Tätigkeit als Hoforganist des Herzogs von Sachsen-Weimar von 1708 bis 1717 nur bedingt als Vorbote der späteren kulturellen Blütezeit der Klassikerstadt werten können. Nicht wie erhofft zum Hofkapellmeister befördert, wurde er von Herzog Wilhelm Ernst erst nach Absitzen einer Kerkerhaft in Ungnade entlassen. Hierauf wirkte Bach von 1717 bis 1723 als Hofkapellmeister von Fürst Leopold von Anhalt-Köthen, was als die glücklichste Schaffensphase unter einem ihm freundschaftlich verbundenen Dienstherrn gilt.

1723 folgte schließlich der letzte Karriereschritt in den Dienst der Stadt Leipzig. Hier gewann Johann Sebastian Bach eine hochangesehene Position, die

Bach-Denkmal vor der Thomaskirche.

aber zugleich mit aufreibender Arbeit für den vielfachen Familienvater verbunden war – unter nicht immer zufriedenstellenden Rahmenbedingungen, wie eine Reihe von Beschwerden Bachs an den Stadtrat dokumentieren. Als Kantor und Musikdirektor war er für die Musik in den vier Hauptkirchen der Stadt verantwortlich. Dazu zählte die Vorbereitung einer Kantatenaufführung an allen Sonn- und Feiertagen. Außerdem oblag ihm als Thomaskantor der Musikunterricht in der Thomasschule. Die Thomaner waren verpflichtet, als Chorsänger die Gottesdienste mitzugestalten. Neben der Kirchenmusik spiegeln Bachs weltliche Kompositionen den Alltag seiner Zeit. Die „Kaffeekantate" (um 1734) etwa greift die Leidenschaft der Leipziger für das orientalische Modegetränk auf. Bach selbst war gerne Gast in Kaffeehäusern, auch im „Arabischen Coffe Baum", einem der ältesten Cafés in Europa und heute ein Museum.

27 Kapellmeister und Hochschulgründer
Felix Mendelssohn Bartholdy

Felix Mendelssohn Bartholdy gilt als einer den bedeutendsten Musiker der Romantik. Er wirkte als Gewandhaus-Kapellmeister, gründete mit dem Konservatorium die älteste Musikhochschule Deutschlands und beförderte die Wiederentdeckung Bachs.

Im Stadtgeschichtlichen Museum findet sich ein optisch eher unspektakuläres, dafür aber musikhistorisch umso bedeutsameres Exponat. Das graue hölzerne Dirigentenpult mit Kerzenhalter aus dem Alten Gewandhaus von 1781 bis 1884 gilt geradezu als Reliquie der großen Leipziger Musiktradition. Einer Inschrift zufolge soll daran schon Wolfgang Amadeus Mozart bei seinem einzigen Konzert im Gewandhaus 1789 dirigiert haben. Die Museumsexperten gehen heute aber davon aus, dass das Pult erst unter dem bedeutendsten Kapellmeister Felix Mendelssohn Bartholdy 1835 angeschafft worden sein könnte. Er war es, der die heute übliche Form des Dirigats mit Taktstock vom Pult aus einführte. Zu Mozarts Zeiten war es noch gängige Praxis, das Orchester gemeinsam mit dem Konzertmeister vom Cembalo oder der Ersten Geige aus zu leiten. Aber egal, ob das Pult nun 1835 mit dem neuen Kapellmeister im einstigen Kaufhaus der Tuchhändler Einzug gehalten hat oder nicht – es ist auf jeden Fall Zeuge eines herausragenden Kapitels der Leipziger Musikgeschichte. Der Komponist, Pianist und Organist Mendelssohn Bartholdy gilt als einer der bedeutendsten Musiker der Romantik; er setzte als Dirigent neue Maßstäbe, tat sich bei der Pflege historischer Musik und als Hochschulgründer in Leipzig hervor.

Felix Mendelssohn Bartholdy wurde 1809 als Sohn eines Bankiers in Hamburg geboren. Zur kulturfreudigen Familie gehörte unter anderem als Großvater der bedeutende Philosoph Moses Mendelssohn. Felix wurde protestantisch erzogen und erhielt früh Musikunterricht, wobei ihn seine Mutter mit Johann Sebastian Bach vertraut machte. Aus dem talentierten Kind, das unter anderem vor Goethe spielte, entwickelte sich ein gefragter Konzertreisender und Komponist. Die erste Festanstellung ging er als Generalmusikdirektor in Düsseldorf ein. Dann folgte der entscheidende Karriereschritt auf eine der angesehensten Positionen der deutschen Musikwelt. Von 1835 bis zu seinem frühen Tode 1847 wirkte Mendelssohn Bartholdy als Kapellmeister des Leipziger Gewandhauses. 1843 gründete er das „Conservatorium der Musik“ in Leipzig, die älteste Musikhochschule Deutschlands. Er lehrte persönlich an der wegweisenden Einrichtung, aus der die renommierte Hochschule für Musik und Theater „Felix Mendelssohn Bartholdy“ hervorging.

Mendelssohn, der mit seinem eigenen Schaffen Leipzig zu einem europäischen Musikzentrum der Romantik machte, hat zugleich ganz maßgeblich zur Popularität des in Vergessenheit geratenen Werkes von Johann Sebastian Bach beigetragen, dem er

Mendelssohn-
Denkmal am
Dittrichring.

zahlreiche Aufführungen widmete. Hieran erinnert auch das 1843 von ihm gestiftete alte Bach-Denkmal nahe der Thomaskirche am Dittrichring. Darüber hinaus gilt er als Beförderer des modernen Verständnisses einer klassischen Epoche der deutschen Musik mit weiteren großen Namen wie Georg Friedrich Händel. 1892 setzte man Mendelssohn vor dem damaligen Gewandhaus im Musikviertel ein Denkmal, das 1936 von den Nationalsozialisten wegen seiner jüdischen Abstammung zerstört wurde. Seit 2008 steht das rekonstruierte Denkmal in der Grünanalage am Dittrichring in Sichtweite des alten Bach-Denkmals. Zentraler historischer Erinnerungsort ist das Mendelssohn-Haus, getragen von der Felix-Mendelssohn-Bartholdy-Stiftung. Im klassizistischen Bau in der Goldschmidtstraße finden sich ein Museum und die letzte Wohnung des Musikers mit authentischer Ausstattung.

28 Der Romantiker
Robert Schumann

Robert Schumann, einer der bedeutendsten Komponisten der Romantik, beschritt in Leipzig den Weg zum Berufsmusiker. 1840 heiratete er die Klaviervirtuosin Clara Wieck, Tochter des Leipziger Musikpädagogen Friedrich Wieck.

Robert Schumann wurde 1810 als Sohn eines Buchhändlers, Verlegers und Literaten in Zwickau geboren, wo er auch aufwuchs. Bereits in frühen Jahren begann er zu komponieren und lernte das Klavierspiel. Auch das Gespür für Sprache bekam er im Elternhaus mit auf den Weg. Diese Doppelbegabung schlug sich in zahlreichen Gedichten, künstlerischer Prosa und Dramenentwürfen nieder. Erst später trat die Musik in den Mittelpunkt seines Wirkens und prägt die heutige Erinnerung an einen der bedeutendsten deutschen Komponisten, Musikkritiker und Dirigenten der Romantik. 1828 begann Schumann auf Wunsch der Mutter als sächsisches Landeskind an der Universität Leipzig das Studium der Rechtswissenschaften und wurde Mitglied der Burschenschaft Markomannia. Dort und bei der Fortsetzung des Studiums in Heidelberg beschäftigte er sich jedoch mehr mit Literatur und Musik als mit der für den Schöngeist eher lästigen Juristerei. 1830 kehrte er nach Leipzig zurück, um Pianist zu werden – der nicht risikolose Start in ein professionelles Musikerleben. Er nahm Klavierunterricht bei Friedrich Wieck, einem der bedeutendsten Musikpädagogen des frühen 19. Jahrhunderts, und Unterricht in Musiktheorie bei Heinrich Dorn.

Chronische Beschwerden an der rechten Hand verhinderten jedoch eine Karriere als Klaviervirtuose. So konzentrierte sich Schumann fortan auf das Komponieren. In dieser frühen Leipziger Schaffensphase standen Klaviermusik und Lieder im Vordergrund. 1834 gründete er zusammen mit Friedrich Wieck und anderen Musikern in Leipzig die „Neue Zeitschrift für Musik", für die er zehn Jahre lang als Redakteur, Autor und Herausgeber arbeitete. 1843 wirkte Schumann kurzzeitig am Konservatorium von Gewandhaus-Kapellmeister Felix Mendelssohn Bartholdy. Um den aufstrebenden Musiker scharte sich auch ein Kreis junger Künstler, die sich im Kaffeehaus „Zum Arabischen Coffe Baum" trafen. Sie nannten sich „Davidsbündler" und grenzten sich von den „Philistern", den Leipziger „Spießbürgern" ab. 1840 heiratete Schumann die Tochter seines Mentors Wieck – freilich gegen dessen heftigen Widerstand. Clara Wieck war selbst eine bewunderte Klaviervirtuosin, die schon als Wunderkind für Aufsehen gesorgt hatte. An die Leipziger Ehejahre erinnert heute das Museum Schumann-Haus im Graphischen Viertel. Zu den ersten spektakulären Erfolgen gehörte die Uraufführung der Frühlingssinfonie unter dem Dirigat von Mendelssohn Bartholdy 1841.

Die Musikstadt Leipzig spielte also für Schumanns berufliche und private

Schumann-Denkmal an der Moritzbastei.

Entwicklung eine wichtige Rolle. Seine Hoffnungen auf die Nachfolge des 1847 verstorbenen Mendelssohn Bartholdy als Kapellmeister des Gewandhausorchesters erfüllten sich allerdings nicht. Da der Karrieresprung auf eine der renommiertesten Positionen der Musikwelt in Deutschland misslang, kehrte Schumann Leipzig den Rücken. Bereits 1844 war er in die Residenzstadt Dresden gezogen, wo der gebürtige Leipziger Richard Wagner als Hofkapellmeister wirkte. Es schlossen sich an der Elbe produktive Jahre als Komponist und Chorleiter an. 1850 wechselte Schumann als Städtischer Musikdirektor nach Düsseldorf. Allerdings verschärften sich die seit Langem auftretenden seelischen Krisen bis hin zu einem Selbstmordversuch 1854. Seine letzten Jahre verbrachte Robert Schumann in der Richarz'schen Heilanstalt in Endenich bei Bonn, wo er 1856 verstarb.

29 Musikalisches Gesamtkunstwerk

Richard Wagner

Richard Wagner gilt als der neben Bach bedeutendste unter den großen Musikern der Stadt. Der gebürtige Leipziger formte die Oper zum musikalisch-dramatischen Gesamtkunstwerk. Ambitionierte Denkmalentwürfe blieben aber Fragment.

Unter den großen musikalischen Söhnen der Stadt Leipzig gilt Richard Wagner als der neben Johann Sebastian Bach bedeutendste. Als Komponist, Dramatiker, Dichter, Schriftsteller, Theaterregisseur und Dirigent hat er Kulturgeschichte geschrieben. Seine Musikdramen gaben dem Europa des 19. Jahrhunderts völlig neue Impulse, die teils bis in die Moderne nachwirken. Wagner machte die Oper zum Gesamtkunstwerk, das er in all seinen Facetten selbst erarbeitete. Mit den Bayreuther Festspielen schuf man eigens für seine Opern-Zyklen eine jährliche Veranstaltungsreihe, die nach wie vor ein gesellschaftliches Ereignis von nationalem Rang darstellt. Freilich sind die im damaligen Zeitgeist verwurzelten heldisch-germanischen Grundmuster seiner Werke heute differenzierter zu betrachten. Das gilt nicht zuletzt für seinen ausgeprägten Antisemitismus, der mit der Schrift „Das Judenthum in der Musik" (1850/69) weite Verbreitung fand und auf den sich später auch die Nationalsozialisten beriefen.

In Sachsen liegen die biographischen und künstlerischen Wurzeln Richard Wagners, der Zeit seines Lebens diese Herkunft bis hin zum Dialekt nie verleugnete. Er wurde am 22. Mai 1813, nur wenige Monate vor der verheerenden Völkerschlacht, in Leipzig als Sohn eines Polizeibeamten und einer Bäckerstochter geboren. Mehrfach durch private Wechselfälle bedingt, spielten sich Kindheit und Jugend vor allem zwischen Leipzig und Dresden ab. In Leipzig wurde Wagner in der Thomaskirche, der Wirkungsstätte seines großen Vorgängers Bach, getauft. Später besuchte er die 1512 gegründete Nikolaischule, die älteste städtische Schule, und die Thomasschule. Das musikalische Interesse und Talent zeigten sich schon in dieser Zeit. 1829 hörte Wagner erstmals Beethovens Oper „Fidelio" und verschrieb sich nun ganz der Musik. Nach dem Studium und ersten Berufserfahrungen in Leipzig folgte 1842 der große Karrieresprung als Hofkapellmeister in Dresden. Durch die Beteiligung am Dresdner Maiaufstand 1849 musste Wagner jedoch als steckbrieflich gesuchter Flüchtling seine sächsische Heimat für immer verlassen. Nach Zürich und weiteren Stationen fand er in der Festspielstadt Bayreuth im Bayern des „Märchenkönigs" Ludwig II. sein Ziel, ehe er 1883 auf Reisen in Venedig verstarb.

Anders als bei Bach und Mendelssohn gibt es trotz ambitionierter Versuche kein repräsentatives Denkmal für Richard Wagner in seiner Vaterstadt Leipzig. Pläne für die Grünanlagen am Elsterbecken waren 1933 weit fortgeschritten. Der passionierte Wagner-Liebhaber Adolf Hitler ließ diese jedoch zu einem

Richard Wagner auf einer Fotografie von 1871.

gigantischen Richard-Wagner-Nationaldenkmal erweitern. Zwar erfolgte 1934 die feierliche Grundsteinlegung und wurde der Richard-Wagner-Hain weitgehend fertiggestellt, das Denkmal selbst kam aber kriegsbedingt nicht mehr zur Umsetzung. Zuvor war bereits ein Denkmal-Entwurf von Max Klinger von 1911 für die Grünanlagen am heutigen Goerdelerring durch den Ersten Weltkrieg und den Tod des bedeutenden Leipziger Künstlers 1920 gescheitert. Erst 1983 kam eine nach Klingers Entwurf geschaffene Wagner-Büste am Schwanenteich zur Aufstellung. 2013 wurde auf den Klinger-Sockel am ursprünglich angedachten Ort ein modernes Denkmal gesetzt. Vor einer schwarzen Bronzeplatte mit den Umrissen Wagners steht eine kleinere farbige Plastik des jungen Musikers.

30 Hort der Musen
Die Kunststadt

In der selbstbewussten Messestadt pflegte die Bürgerschaft stets auch die Künste. Musik und Theater erhielten eindrucksvolle Musentempel, in denen Kulturgeschichte geschrieben wurde. Für die Kunststadt stehen die bedeutenden Museen und Hochschulen.

Die selbstbewusste Messestadt Leipzig sah und sieht sich immer auch als ein Hort der Musen, der Schutzgöttinnen der Künste. Kunst und Kultur spielten im Selbstverständnis der Bürgerschaft eine wichtige Rolle – sowohl als kultivierte Freizeitbeschäftigung als auch als Repräsentation des eigenen Status nicht zuletzt gegenüber der Residenz Dresden. Die Musik von Weltrang mit großen Namen wie Bach, Mendelssohn Bartholdy, Schumann und Wagner sowie dem international renommierten Gewandhausorchester und Thomanerchor steht dabei bis heute im Fokus. Neben dem Gewandhaus verkörpert das Opernhaus als zweiter Musentempel vis-à-vis am Augustusplatz die große, lebendig gepflegte Musiktradition. Es gilt mit 1693 als eine der ältesten bürgerlichen Gründungen in Europa. Ursprünglich im Brühl angesiedelt, erhielt die Stadt 1868 am Augustusplatz einen klassizistischen Theater-Neubau, der sich zum Opernhaus profilierte. 1943 im Luftkrieg zerstört, trat das heutige neoklassizistische Opernhaus 1960 an seine Stelle.

Auch das Sprechtheater mit dem Schauspielhaus in der Bosestraße blickt auf eine lange und reiche Tradition zurück. 1766 eröffnete das erste ständige Comödienhaus am heutigen Richard-Wagner-Platz, das auch der Student Johann Wolfgang Goethe gerne besuchte. Zu den frühen Höhepunkten zählte die Uraufführung von Friedrich Schillers „Johanna von Orleans" 1801. Seit 1817 offiziell Theater der Stadt Leipzig, firmierte es seit der Eröffnung des Opernhauses, zunächst Neues Theater genannt, als Altes Theater.

1902 öffnete am heutigen Dittrichring das private Centraltheater, aus dem sich das Schauspielhaus entwickelte. Dort sorgte unter anderem die Uraufführung von Bertolt Brechts „Baal" 1923 für Furore. Im Krieg ebenfalls stark beschädigt, nahm das neoklassizistisch umgebaute Schauspielhaus 1957 seinen Betrieb wieder auf. Als alternative Spielstätte fungiert die „Residenz" in der ehemaligen Baumwollspinnerei, einem viel beachteten Kreativzentrum. Im Sommer erfreut sich das Gohliser Schlösschen als Aufführungsort großer Beliebtheit.

Neben den darstellenden Künsten wie Musik und Theater entwickelte sich Leipzig aus bürgerschaftlichem Engagement heraus auch zu einem Zentrum der bildenden Kunst. Hierfür steht allen voran der spektakuläre Neubau des Museums der bildenden Künste (MdbK) von 2004 nahe dem Markt. Die reiche städtische Sammlung hatte 1858 ein Museum am Ort des heutigen Gewandhauses erhalten, gemeinhin als Bildermuseum bezeichnet. An dessen Tradition knüpft das MdbK in eindrucksvoller Form an. Eng mit der bis in die jüngste Vergangenheit international bedeutenden Leipziger Kunstszene verbunden ist auch die Hochschule für Grafik und Buchkunst Leipzig. Sie gilt als eine der ältesten Kunsthochschulen Deutschlands, aus der die als Leipziger Schule bzw. Neue Leipziger Schule bekannte Kunstrichtung mit hervorging. Ein weiteres bedeutendes Museum, das sich unmittelbar einem bürgerschaftlichen Impuls verdankt, ist das 1895 eingeweihte Grassi Museum. In den „Goldenen Zwanzigern" erhielt das Haus mit den Schwerpunkten Völkerkunde, Angewandte Kunst und Musikinstrumente seinen modernen Neubau am Johannisplatz.

Neue Oper am Augustusplatz.

31 Das Bildermuseum
Museum der bildenden Künste

Das Museum der bildenden Künste in seinem spektakulären modernen Neubau nahe dem Markt ist das Flaggschiff der Kunststadt Leipzig. Es blickt auf eine lange bürgerschaftliche Tradition zurück und verfügt über eine hochkarätige Sammlung.

Das Museum der bildenden Künste, kurz MdbK, genießt international einen guten Ruf sowohl für seine Sammlung als auch für seine ambitionierten Sonderausstellungen. Nach einer wechselvollen Geschichte ist es seit 2004 in einem spektakulären modernen Neubau in der Katharinenstraße zu Hause. Das Museum geht wie viele andere Kultureinrichtungen auf eine bürgerschaftliche Initiative zurück. 1837 setzte sich der Leipziger Kunstverein das Ziel eines kommunalen Kunstmuseums, das 1848 in der Bürgerschule auf der Moritzbastei eine erste Unterkunft fand. Die durch großzügige Stiftungen erweiterte Sammlung bekam 1858 ihren ersten Museumsbau am Augustusplatz an der Stelle des heutigen Gewandhauses. Das an die italienische Renaissance angelehnte Gebäude, meist Bildermuseum genannt, musste in der Folge mehrfach erweitert werden. Wie viele andere Kulturdenkmale wurde es beim verheerenden Luftangriff vom 4. Dezember 1943 zerstört. Danach kam es zu einem erneuten Interim, das sechs Jahrzehnte andauern sollte. Während Oper, Schauspiel und Gewandhaus in der DDR-Zeit mit großzügigen Musentempeln bedacht wurden, gingen die bildenden Künste leer aus. Von 1952 bis 1997 war das Bildermuseum im Reichsgerichtsgebäude untergebracht.

Seit 2004 hat das Museum nunmehr seinen Sitz auf dem vormaligen Sachsenplatz nahe dem Markt. Der quaderförmige Betonbau mit einer transparenten Vorhangfassade wurde anfangs durchaus kontrovers diskutiert. Er hat aber durch die Umbauung mit Wohn- und Geschäftshäusern viel von seiner Wucht verloren und bietet im Inneren ideale Bedingungen für die Präsentation der Sammlung. Mit Beständen von den Alten Meistern wie Frans Hals und Lucas Cranach d. Ä. über die Romantiker mit Caspar David Friedrich bis zu den Leipziger Künstlern Max Klinger und Max Beckmann gehört sie zu den hochkarätigsten Deutschlands. Einen großen Auftritt bekommt dabei im Klinger-Saal mit Beethoven-Plastik und Monumentalgemälde „Christus im Olymp" einer der berühmten Söhne der Stadt. Er verkörpert die Tradition einer lebendigen Kunstszene in der Messestadt. Klinger machte im schillernden Fin de Siècle um 1900 sein Atelier in der Karl-Heine-Straße zum repräsentativen Kunstort und lehrte an der heutigen Hochschule für Grafik und Buchkunst.

Diese Tradition überdauerte auch nach 1945. In der im Museum breit vertretenen zeitgenössischen Kunst hat sich die Stadt in der DDR-Zeit mit der Leipziger Schule einen Namen gemacht, zu der international geachtete Maler wie Werner

Das MdbK besticht durch eine großartige Sammlung und moderne Architektur.

Tübke, Wolfgang Mattheuer, Bernhard Heisig, Heinz Zander und Arno Rink gerechnet werden. Deren Schüler, u.a. Neo Rauch und Michael Triegel, gelten als Begründer der Neuen Leipziger Schule nach 1989. Die meisten von ihnen gehörten ebenfalls der Hochschule für Grafik und Buchkunst an. Neo Rauch, gebürtiger Leipziger und Absolvent sowie Lehrer der HGB, steht als einer der bedeutendsten zeitgenössischen Maler für die Attraktivität der Kunststadt Leipzig. Seine Heimatstadt und das Kulturzentrum in der ehemaligen Baumwollspinnerei sind nicht nur für ihn Orte der Konzentration und Inspiration.

32 Kulturbürgerlicher Geist
Das Grassimuseum

Die Museen im Grassi verdanken sich dem Erbe Franz Dominic Grassis und bürgerlicher Vereine. Im eindrucksvollen modernen Gebäudekomplex von 1929 finden sich herausragende Sammlungen der Angewandten Kunst, Völkerkunde und Musikinstrumente.

Die Kulturstadt Leipzig verdankt die meisten ihrer bedeutenden Einrichtungen dem Mäzenatentum wohlhabender Bürger und Vereine. Ein Musterbeispiel hierfür bietet das Grassimuseum. Der Name verweist auf Franz Dominic Grassi, einen Kaufmann, dessen Familie aus Italien eingewandert war. Der gebürtige Pleißestädter galt als kulturfreudiges „Leipziger Original". Nach seinem Tod 1880 vererbte der Junggeselle der Stadt ein beachtliches Vermögen von mehr als zwei Millionen Mark. Damit konnten zahlreiche Kulturbauten realisiert werden. In Erinnerung geblieben ist Grassi dabei vor allem durch das nach ihm benannte Museum. 1895 wurde am Königsplatz, dem heutigen Wilhelm-Leuschner-Platz, das erste Gebäude erbaut, später Altes Grassimuseum genannt. Hier wurden seinerzeit das Museum für Länderkunde und das Kunstgewerbemuseum untergebracht. Der historistische Gründerzeitbau gilt als ältestes erhaltenes Museumsgebäude in Leipzig. Heute befindet sich hier die Stadtbibliothek. Neben dem Grassimuseum wurden auch das alte Gewandhaus im Musikviertel, das alte Bildermuseum und der Mendebrunnen am Augustusplatz aus Grassis Erbe erbaut.

In den „Goldenen Zwanzigern" erhielten die beiden Museen, nunmehr ergänzt um eine Musikinstrumenten-Sammlung, mit dem Neuen Grassimuseum einen repräsentativen Neubau. Der ausgedehnte Komplex wurde zwischen 1925 und 1929 errichtet. Im Stil der Neuen Sachlichkeit und des Art déco gehalten, gehört er zu den wenigen großen Museumsbauten der Weimarer Republik. Er bietet nicht nur den Sammlungen einen ansprechenden Rahmen, sondern darf auch selbst als Kulturdenkmal von Rang gelten. Nur wenige Schritte von der pulsierenden City entfernt, bietet das von Grünflächen und vom Alten Johannisfriedhof umgebene Museum mit seinen parkartigen Innenhöfen einen kulturellen Rückzugsort. Ursprünglich korrespondierte der Museumsbau mit der benachbarten Johanniskirche am Johannisplatz. Beim verheerenden Luftangriff vom 4. Dezember 1943 schwer beschädigt, wurde das Kirchenschiff später abgetragen. Der Turm erinnerte jedoch an das Gotteshaus und sollte nach dem Willen von Bürgerschaft und Denkmalschutz erhalten bleiben. 1963 bestimmte die SED trotzdem die Sprengung – wie fünf Jahre später auch der intakten Universitätskirche in Sichtweite am Augustusplatz.

Heute beherbergt das Grassimuseum unter dem Namen Museen im GRASSI drei hochkarätige Einrichtungen mit ganz individuellen Ausrichtungen: das GRASSI Museum für Angewandte

Grassimuseum.

Kunst, das GRASSI Museum für Völkerkunde zu Leipzig und das Musikinstrumentenmuseum der Universität Leipzig. Das 1874 von einem Verein gegründete Kunstgewerbemuseum ist nach Berlin das älteste Deutschlands und verfügt über eine der bedeutendsten Sammlungen Europas. Das 1869 ebenfalls durch einen Verein ins Leben gerufene Völkerkundemuseum ist heute Teil der Staatlichen Ethnographischen Sammlungen Sachsens. Es bietet eine der größten Sammlungen Deutschlands mit Schwerpunkt auf Afrika, Südostasien und Südasien. Das nach Brüssel zweitgrößte Musikinstrumentenmuseum Europas mit seinen einzigartigen Beständen, Ende des 19. Jahrhunderts als bürgerschaftliche Initiative entstanden, gehört zur Universität Leipzig. Trotz der unterschiedlichen Trägerschaften und Ausrichtungen treten die Museen gemeinsam auf. Sie bieten, sicher ganz im Geiste ihres Paten Franz Dominic Grassi, Großveranstaltungen und das Grassifest für eine breite interessierte Öffentlichkeit.

33 Aufbruch in die Moderne
Die Industriegroßstadt

Leipzig stieg im 19. und frühen 20. Jahrhundert zur pulsierenden Industriegroßstadt auf. Die Einwohnerzahl der weit ins Umland ausgreifenden viertgrößten Stadt Deutschlands erreichte 1930 ihren absoluten Höchststand von mehr als 700.000.

Das 19. Jahrhundert brachte den Aufstieg Leipzigs zur Industriegroßstadt. Ein maßgeblicher Impuls für diesen umfassenden Aufbruch in die Moderne ging hierbei wie schon in früheren Epochen von den Verkehrsanbindungen aus. Die Pleißestadt war 1839 Ausgangspunkt der ersten deutschen Ferneisenbahn Leipzig–Dresden. Jenem wegweisenden Projekt kam angesichts der zentralen Rolle der Eisenbahn enorme Bedeutung zu. Damit nahm die Industrie Fahrt auf, was zur Ausdehnung über den entfestigten Stadtkern hinaus führte. Von 1785 an hatte man die Wälle bis auf wenige Relikte, wie die seit 1979 als Studentenclub genutzte Moritzbastei, niedergelegt und den begrünten Promenadenring geschaffen. Hierbei entstand auch der repräsentative Augustusplatz. Jenseits des Rings wuchsen über die alten Ansiedlungen an den Stadttoren hinaus die ersten Vorstädte.

So erhöhte sich die Einwohnerzahl von 32.000 im Jahr 1800 auf den Status einer Großstadt mit 100.000 im Jahr 1870. Ihren Höhepunkt fand die Entwicklung nach der Reichsgründung 1871. Während Messe, Handel und Buchwesen ihre Bedeutung behaupteten, wandelte sich Leipzig nun endgültig auch zur boomenden Industriemetropole mit großen Unternehmen v.a. der Metall- und Textilindustrie. Hieran erinnern eindrucksvolle Industriedenkmale wie die heute für kulturelle Zwecke genutzte Leipziger Baumwollspinnerei in Plagwitz. Nach der Anzahl der Großbetriebe rangierte die Stadt hinter Berlin auf Rang zwei im Reich. Die Einwohnerzahl

Leipziger Baumwollspinnerei 1909.

versechsfachte sich bis 1914 auf 625.000, um schließlich 1930 mit 718.000 den absoluten Höchststand zu erreichen.

Die viertgrößte Stadt Deutschlands nach Berlin, Hamburg und München dehnte sich weiter in ihr Umland aus. Von Eisenbahngleisen durchzogene Industriegebiete und Arbeitersiedlungen entstanden vor allem im Westen um Lindenau, Plagwitz, Schleußig und Kleinzschocher, aber auch im Osten und Norden. Hierbei traten Unternehmer wie Carl Heine hervor, 1855 Initiator des heute nach ihm benannten Kanals von der Weißen Elster zum Lindenauer Hafen. Den Industriearealen standen gutbürgerliche Viertel gegenüber, wie die südliche Stadterweiterung entlang der heutigen Karl-Liebknecht-Straße, in Gohlis, im Waldstraßen- und Musikviertel. Die Infrastruktur wurde mit repräsentativen Neubauten, allen voran dem Neuen Rathaus (1905) und Stadthaus (1912), mit Straßenbahn (1872), Kanalisation, Elektrifizierung, Krankenhäusern usw. durchgreifend erneuert.

Eine der zentralen Erweiterungsachsen war die vom Neuen Rathaus in Verlängerung der Windmühlenstraße vom Bayrischen Platz ausgehende Straße des 18. Oktober, benannt nach der Völkerschlacht 1813. Ihr Zielpunkt war das imposante Völkerschlachtdenkmal (1913). Auf dieser Achse liegen der Deutsche Platz mit der Deutschen Bücherei (1916) und die heutige Alte Messe (1913). In der DDR-Zeit schloss man die Lücke zum Stadtzentrum architektonisch weit weniger anspruchsvoll mit den Plattenbauten des „Oktoberbetons“. Aber auch die historische Altstadt veränderte um 1900 mit mondänen Gründerzeitbauten nahezu völlig ihr Gesicht.

34 Pionier der Industrialisierung
Carl Heine

Der Jurist und Unternehmer Carl Heine hat die Entwicklung Leipzigs zur Industriegroßstadt in der zweiten Hälfte des 19. Jahrhunderts maßgeblich vorangetrieben. An ihn erinnert das visionäre Projekt des heutigen Karl-Heine-Kanals.

Die Industrialisierung Deutschlands begann in der zweiten Hälfte des 19. Jahrhunderts, begleitet und befördert vom rasant ausgebauten Eisenbahnnetz seit den 1840er-Jahren. Mit der Gründung des Deutschen Kaiserreiches 1871 steigerte sich das Geschehen zur Hochindustrialisierung. Träger jener Entwicklung waren, neben den anschwellenden Massen der Industriearbeiterschaft, die großen Unternehmerpersönlichkeiten. Dies lässt sich für die Industriegroßstadt Leipzig beispielhaft nachvollziehen. Das Stadtbild wandelte sich jetzt durchgreifend. Industriegebiete und Arbeitersiedlungen entstanden im Osten und Norden, vor allem aber geballt im Westen jenseits der Weißen Elster.

Hierbei trat der Unternehmer Carl Heine als wagemutiger Pionier einer industriellen Gründerzeit lange vor der Reichsgründung 1871 hervor. Wie kein anderer prägte er das Gesicht der Westvorstädte. Heine war seiner Vaterstadt eng verbunden und hat an der Pleiße alle Schritte hin zum Großunternehmer genommen. 1819 war er als Sohn eines Kaufmanns und späteren Rittergutsbesitzers in Leipzig geboren und in der Thomaskirche evangelisch-lutherisch getauft worden. Von 1833 bis 1837 besuchte er die Thomasschule. Auch das anschließende Studium der Rechtswissenschaften absolvierte das Mitglied der Studentenverbindung Corps Saxonia an der heimischen Universität. Zugleich zeigte der angehende Jurist aber auch großes Interesse an mathematisch-technischen und ökonomischen Fragen.

Das Thema seiner Dissertation zu Dr. jur. von 1843 warf bereits ein Schlaglicht auf kommende Aktivitäten voraus. Es ging um rechtliche Fragen bei der wirtschaftlichen Nutzung von Wasserwegen und deren Ufern. Zunächst ließ sich Carl Heine in Leipzig als Rechtsanwalt nieder. Der Familienvater betrieb den Beruf auch in späteren Jahren neben seiner Unternehmertätigkeit weiter. Hinzu kam das Engagement in der Leipziger Kommunalgarde und als Freimaurer. Als liberaler und später konservativer Politiker gelangte Heine, zeitweise in direkter Konkurrenz mit den Sozialdemokraten August Bebel und Wilhelm Liebknecht, in den Sächsischen Landtag und Reichstag. Er zeigte Verständnis für die Soziale Frage des Industrieproletariats und lehnte auch die Unterdrückung der SPD durch die Bismarck'schen „Sozialistengesetze" von 1878 bis 1890 ab.

Der Jurist profilierte sich rasch als zupackender Unternehmer und Stadtentwickler. Ausgehend von einem Gartengrundstück der Mutter gab er ab 1842 mit seinen Aufkäufen und Parzellierungen den Impuls für das neue „Kolonnadenviertel". Das 1843

Denkmal für Carl Heine im Clara-Zetkin-Park.

vom Vater geerbte Rittergut Gundorf war Ausgangspunkt der umfassenden Erschließung der teils versumpften Flächen um die Gemeinden Lindenau, Plagwitz, Schleußig und Kleinzschocher. Hier entwickelte sich unter Heines Regie von den 1850er- bis in die 1880er-Jahre das größte Industrieareal Sachsens mit neuen Stadtteilen für die Arbeiterschaft. Er versah das Gebiet systematisch mit Straßen und Gleisanschlüssen für das zukunftsweisende Verkehrsmittel Eisenbahn. In Erinnerung geblieben ist Carl Heine, der 1888 in Schleußig verstarb, aber besonders mit seinem visionären Projekt eines Verbindungskanals von der Weißen Elster zur Saale. 1856 in Plagwitz begonnen und bis in die 1890er-Jahre vorangetrieben, wurde der Wasserweg allerdings nie fertiggestellt. Der heutige Karl-Heine-Kanal von der Weißen Elster bis zum 2015 angeschlossenen Lindenauer Hafen erfreut sich jedoch großer Beliebtheit bei Wassersportlern und gibt den mittlerweile sehr gefragten westlichen Vorstädten ihr besonderes Gepräge.

35 Kathedrale der Moderne
Der Eisenbahnknoten

Der 1915 eingeweihte Hauptbahnhof, einer der größten Europas, repräsentiert die Handels- und Industriegroßstadt der Gründerzeit. Bereits 1839 hatte Leipzig mit der ersten deutschen Fernstrecke nach Dresden Eisenbahngeschichte geschrieben.

Mit der Schlusssteinsetzung auf der Empore der Osthalle erfolgte am 4. Dezember 1915 die feierliche Einweihung des neuen Hauptbahnhofs. Obwohl im Ersten Weltkrieg fertiggestellt, gehört das imposante Gebäude mit seiner Grundsteinlegung 1909 noch zu den gründerzeitlichen Prachtbauten der Metropole Leipzig auf dem Höhepunkt ihrer Entwicklung. Er verkörpert wie kaum ein anderes Bauwerk den Anspruch des europäischen Handels- und Messezentrums. Noch heute gilt er mit einer Grundfläche von rund 84.000 Quadratmetern als der größte Kopfbahnhof Europas. Die stadtbildprägende Fassade des Empfangsgebäudes mit seinen beiden Eingangshallen misst fast 300 Meter. Das vielzitierte Wort von den „Kathedralen der Moderne" für die Bahnhöfe des 19. und frühen 20. Jahrhunderts trifft auf Leipzig voll und ganz zu.

Zugleich steht der Bahnhof für die Entwicklung zur Industriegroßstadt. Denn ein maßgeblicher Impuls ging hierbei, wie schon in früheren Epochen, von der Verkehrsanbindung aus. Leipzig war wie bereits beschrieben Ausgangspunkt der ersten deutschen Ferneisenbahnstrecke

von Leipzig nach Dresden. Dieses bahnbrechende Projekt war angesichts der maßgebenden Rolle der Eisenbahn im Industriezeitalter von großer Bedeutung. Es war von dem Leipziger Eisenbahnpionier Friedrich List sowie Bürgern um den Unternehmer Gustav Hartkort initiiert worden. Ingenieur Johann Andreas Schubert nahm mit seiner selbst konstruierten Dampflok „Saxonia" an der umjubelten Jungfernfahrt am 8. April 1839 teil. Rasch folgten weitere Verbindungen, die Leipzig zu einem wichtigen Eisenbahnknoten machten: 1840 Leipzig–Magdeburg, 1842 Leipzig–Zwickau(–Bayern), 1856 Leipzig–Halle/Erfurt und 1859 Leipzig–Berlin. Hinzu kam eine Reihe von regionalen Strecken ins Umland der expandierenden Großstadt. Auch für die zahlreichen Industrieansiedlungen waren die Gleisanschlüsse von entscheidender Wichtigkeit.

Der Hauptbahnhof bündelte nun den Verkehr der sechs einstigen Sackbahnhöfe. Die vier nördlich der Innenstadt angesiedelten Stationen, der Dresdner, Magdeburger, Thüringer und Berliner Bahnhof, wichen dem Neubau. Bis zur Gründung der Deutschen Reichsbahn 1920 wurde dieser noch getrennt von zwei Staatsbahnen genutzt, woran die spiegelbildlich angeordnete „Preußische Eingangshalle" im Westen und „Sächsische Eingangshalle" im Osten erinnern. Vom Bayerischen Bahnhof, der noch als unterirdischer S-Bahnhof fungiert, ist der klassizistische Portikus erhalten. Der Eilenburger Bahnhof (1874) im Osten verschwand aus dem Stadtbild, an seine Trasse erinnert der Lene-Voigt-Park.

Mit der rasanten Ausdehnung der Stadt gewann die Eisenbahn auch für den Nahverkehr zunehmende Bedeutung. Zum Straßenbahnnetz und den Buslinien trat 1969 die Stadtschnellbahn Leipzig, kurz S-Bahn. Aus ihr ging 2013 zusammen mit der S-Bahn Halle die neue S-Bahn Mitteldeutschland hervor. Diese gilt mit ihrem weit ausgreifenden Streckennetz bis Zwickau, Sangerhausen, Dessau, Jüterbog, Hoyerswerda, Oschatz und Geithain als größte S-Bahn Deutschlands. Das spektakulärste Projekt war der City-Tunnel vom Hauptbahnhof bis zum Bayrischen Bahnhof mit den neuen Haltepunkten Markt und Wilhelm-Leuschner-Platz. Damit bekam Leipzig gewissermaßen auch noch eine U-Bahn, die schon ein Jahrhundert zuvor als Ausweis einer echten Metropole galt. Der Bau jener unterirdischen Nord-Süd-Verbindung war bereits 1913 begonnen worden, musste kriegsbedingt aber eingestellt werden.

Blick über den Hauptbahnhof Leipzig.

36 Rückgrat des Nahverkehrs
Die Straßenbahn

Die Straßenbahn bildet das Rückgrat des Leipziger Nahverkehrs. 1872 als Pferdebahn eröffnet, wurde sie 1896 elektrifiziert. In der rasant wachsenden modernen Stadt bildete sich eines der größten Streckennetze Deutschlands aus.

Das rasante Wachstum der Industriegroßstadt mit ihrem ausgedehnten Gründerzeitgürtel, mit ihren Vorstädten, Industriekomplexen und zahlreichen überregional bedeutsamen Einrichtungen machte die Schaffung leistungsfähiger Verkehrsmittel nötig. Der Öffentliche Personennahverkehr geht so auch in Leipzig auf das letzte Viertel des 19. Jahrhunderts zurück – wobei die Straßenbahn bis heute das Rückgrat des ÖPNV bildet. Zuvor hatte es durchaus schon Möglichkeiten der innerstädtischen Personenbeförderung gegeben. So bewahrt das Stadtgeschichtliche Museum eine imposante Sänfte der städtischen Chaisenträger-Kompagnie aus der Zeit um 1780 auf. Von zwei uniformierten „Senftenträgern“ konnte sich der zahlungskräftige Kunde vom frühen 18. bis weit ins 19. Jahrhundert hinein durch die Stadt tragen lassen. 1841 folgten die Pferdedroschken mit ihrem erweiterten Bewegungsradius. Bald aber sah sich die Stadt vor der Notwendigkeit, über diese eher individuellen Transportmittel für den gehobenen Anspruch hinaus für massentaugliche Bewegung zu sorgen.

Seither erfüllt die Leipziger Straßenbahn, die 2022 ihr 150. Gründungsjubiläum feiern konnte, diese für eine moderne Großstadt unerlässliche Aufgabe. Bevor allerdings die elektrischen Trams durch die Straßen fuhren, gab es bereits ein Vierteljahrhundert lang einen mit Pferdestärken im wahrsten Wortsinne betriebenen Vorläufer. Am 18. Mai 1872 eröffnete die Leipziger Pferde-Eisenbahn ihren Linienbetrieb und den Betriebshof in Reudnitz. Das Streckennetz wuchs in zwei Jahrzehnten rasch auf fast 50 Kilometer. 1896 ging die Pferdebahn in der Großen Leipziger Straßenbahn (GLSt) auf, die ganz im Geiste der Gründerzeit komplett auf elektrischen Betrieb umstellte.
Parallel bestanden seit 1896 die Leipziger Elektrische Straßenbahn (LESt) und seit 1900 die Leipziger Außenbahn. Die GLSt hieß im Volksmund nach ihren Wagen die „Blaue“, die LESt die „Rote“. Im Ersten Weltkrieg fusionierten 1917 die beiden Unternehmen, die jetzt über ein Streckennetz von 130 Kilometern Länge verfügten und alle größeren Stadtteile erreichten. 1925 ging der moderne Straßenbahnhof Angerbrücke in Betrieb, und 1938 erfolgte die Umbenennung in Leipziger Verkehrsbetriebe (LVB). 1951 ging auch die Leipziger Außenbahn in den LVB auf, die nunmehr als VEB Verkehrsbetriebe der Stadt Leipzig firmierten. Seit 1993 sind die LVB eine Gesellschaft im Eigentum der Stadt Leipzig.

Die kontinuierliche Ausweitung des Streckennetzes war lange charakteristisch für die Straßenbahn. Die Außenbahn erreichte in den Jahrzehnten nach 1900

„Jubiläums-Straßenbahn“ der LVB 2022.

sogar die umliegenden Städte Schkeuditz, Markkleeberg und Taucha. 1951 stand man mit 30 Linien auf dem Zenit. In der späteren DDR-Zeit erschlossen neue Trassen die großen Plattenbaugebiete wie Grünau und Paunsdorf. 1996 folgte die Linie zur Neuen Messe. Immer wieder wurde der Fuhrpark modernisiert. Lange Zeit prägten die 1969 eingeführten Tatra-Bahnen aus der Tschechoslowakei das Stadtbild. In jüngster Vergangenheit erhöhten komfortable Niederflur-Triebwagen die Attraktivität. Trotz der Einführung zahlreicher Omnibuslinien seit den 1920er-Jahren und einer S-Bahn 1969, die 2013 zur S-Bahn Mitteldeutschland erweitert wurde, bildet so die „gute alte“ und zugleich hochmoderne Tram der LVB mit ihren 13 Linien und rund 150 Kilometern Streckennetz weiterhin das stabile Rückgrat des Nahverkehrs in Leipzig.

37 Klein-Paris
Die Gründerzeit

Parallel zum rasanten Wachstum der Handels- und Industriemetropole, die sich weit ins Umland ausdehnte, veränderte auch die Innenstadt ihr Gesicht. Bis heute prägt die Gründerzeit mit ihren Geschäftshäusern, Banken und Messepalästen das Stadtbild.

Das seit Langem als weltläufig geltende „Klein-Paris", wie Goethe die Messestadt in seinem „Faust" rühmte, nahm stets auch im Bereich von Architektur und Bauwesen die Trends der Zeit auf und setzte selbst Maßstäbe. Dies gilt nicht zuletzt für den rasanten Urbanisierungsprozess des 19. und frühen 20. Jahrhunderts, der Leipzig auf den Gipfel seiner Stadtentwicklung führte. Aus der einst mauerumwehrten Stadt wurde die Altstadt oder neudeutsch City, die zusammen mit den unmittelbaren Vorstädten heute den Stadtbezirk Mitte bildet. Um diese Stadtmitte herum dehnte sich die Kommune nun mit einem weit ausgreifenden Gründerzeitgürtel ins Umland aus. Neben sozial ausdifferenzierten, meist schachbrettartig angelegten Wohngebieten entstanden weitläufige Industrie- und Eisenbahnanlagen, Krankenhäuser, Kasernenkomplexe, Parks und Friedhöfe. In den Vorstädten siedelte man auch repräsentative Neubauten im historistischen Gründerzeitstil an, wie die Universitätsbibliothek (1891), das Reichsgericht (1895) und die Deutsche Bücherei (1913).

Eine Folge der Stadtausdehnung war die Eingemeindung von Ortschaften, die sich selbst zu großen Vorstädten wandelten. Ein erster Schub von 1889 bis 1892 machte Reudnitz, Anger Crottendorf, Neureudnitz, Thonberg, Neuschönefeld, Neustadt, Volkmarsdorf, Sellerhausen, Gohlis, Eutritzsch, Kleinzschocher, Schleußig, Plagwitz, Lindenau, Connewitz, Lößnig und Neusellerhausen zu Stadtteilen. Von 1904 bis 1915 folgten Rittergut Lößnig, Rittergut Kleinzschocher, Probstheida, Stötteritz, Stünz, Dölitz, Dösen, Möckern, Schönefeld und Mockau, 1922 Großzschocher/Windorf, Leutzsch, Paunsdorf und Wahren, 1930 Abtnaundorf, Knautkleeberg, Schönau und Thekla, 1935/36 Portitz, Knauthain und Lauer. Während man in der DDR-Zeit kaum das Stadtgebiet veränderte, gab es in den 1990er-Jahren einen großen Eingemeindungsschub mit Hartmannsdorf, Lausen, Plaußig, Seehausen, Podelwitz-Süd, Böhlitz-Ehrenberg, Engelsdorf, Holzhausen, Liebertwolkwitz, Lindenthal, Lützschena-Stahmeln, Miltitz, Mölkau, Wiederitzsch, Rehbach, Knautnaundorf und Radefeld-Süd.

Aber für die Gründerzeit ist nicht nur die Ausdehnung ins Umland charakteristisch. Auch die Innenstadt veränderte völlig ihr Gesicht. So wurde für das Neue Rathaus (1905), sinnfälligster Ausdruck der stolzen Handels- und Industriemetropole, die historische Pleißenburg abgerissen. Gleichzeitig zitierte man architektonisch die Burg mit dem Rathausturm, mit 115 Metern der höchste in Deutschland. Zusammen mit

Die Leipziger Innenstadt wird von der Gründerzeit geprägt.

dem benachbarten Stadthaus (1912) stellt das Rathaus eines der größten seiner Art weltweit dar. Hinzu kamen die großen Kultur- und Universitäts-Neubauten. Die historisch gewachsene kleinteilige Struktur, geprägt von Renaissance, Barock und Rokoko, wurde völlig überformt. Sie musste mit Ausnahme weniger bedeutender Baudenkmale, wie Thomas- und Nikolaikirche, Altes Rathaus, Börse und einige Bürgerhäuser, einer weitgehenden Neubebauung im Gründerzeitstil weichen. Nicht zuletzt durch den Übergang zur Mustermesse 1895 entstanden neben repräsentativen Geschäftshäusern und Banken vor allem die großen Messepaläste. Sie verleihen der Leipziger City heute, meist umgenutzt zu Einkaufspassagen, das typische weltstädtische Flair. Am eindrucksvollsten lässt sich dies an der Mädlerpassage mit „Auerbachs Keller" nachvollziehen.

38 Tradition und Moderne
Auerbachs Keller und Mädlerpassage

Die 1914 eröffnete Mädlerpassage gehört zu den mondänen Messepassagen der Gründerzeit, die das Gesicht der Innenstadt völlig veränderten. Hierbei wurde der dank Goethes „Faust" weltbekannte Traditionsgasthof „Auerbachs Keller" integriert.

In der Gründerzeit um 1900 veränderte neben dem rasanten Wachsen der Stadt ins Umland auch die historische Innenstadt radikal ihr Aussehen. Zahlreiche Bau- und Kulturdenkmale verschwanden, die kleinteilige Struktur wich dem Zeitgeist mit seinen mondänen Geschäftshäusern und Messepalästen. Sie verleihen der Leipziger City heute das typische weltstädtische Flair. Am eindrucksvollsten lässt sich dies an der Mädlerpassage nahe dem Markt nachvollziehen. Diese verkörpert wiederum in besonderer Weise Tradition und Moderne – stand hier doch von 1538 bis 1911 mit dem Gasthof „Auerbachs Hof" eines der Flaggschiffe der Leipziger Gastronomie. 1519 hatte Heinrich Stromer, Professor der Medizin an der Universität, das Grundstück erworben und „Auerbachs Hof" errichtet. Der Neubau unter Einbeziehung mehrerer Hinterhäuser umfasste einen ganzen Häuserkomplex, der von einem abgewinkelten Durchgang vom Markt zum Neumarkt verbunden wurde. Hier befanden sich auch zahlreiche Messegewölbe. Stromer baute dabei die älteren Weinkeller aus. Sie galten mit ihren mehreren Etagen als die größten der Stadt, wenn nicht in ganz Deutschland.

„Auerbachs Keller" erlangte schließlich dank Johann Wolfgang Goethes Tragödie „Faust" 1809 literarischen Weltruhm. 1911 kaufte der vermögende Kofferfabrikant Anton Mädler den in die Jahre gekommenen Gebäudekomplex. Er ließ die Bebauung abbrechen und errichtete bis 1914 die nach ihm benannte Mädlerpassage nach italienischen Vorbildern. Diese folgt dem Verlauf des alten Durchgangshofes. Die Weinkeller wurden dabei erhalten und als zugkräftige Traditionsgaststätte ausgebaut. Vor dem Eingang erinnern seit 1913 Bronzefiguren daran, dass der wissbegierige Gelehrte Heinrich Faust und sein teuflischer Reisebegleiter Mephisto hier Leipziger Studenten einen Streich gespielt hatten. Als diese merken, dass sie zum Besten gehalten werden, verlassen Faust und Mephisto auf einem Weinfass reitend das Lokal. In jener Szene „Auerbachs Keller in Leipzig" legte Goethe dem Studenten Frosch auch jene oft und gerne zitierten Worte in den Mund: „Mein Leipzig lob' ich mir! / Es ist ein klein Paris und bildet seine Leute."

Eröffnet im Jahr des Ausbruchs des Ersten Weltkriegs, verkörpert die Mädlerpassage den Gipfelpunkt der städtebaulichen Entwicklung Leipzigs in der Gründerzeit. Nach der Einführung der Mustermesse 1895 waren in kurzer Folge weitere repräsentative Passagen entstanden, wie Specks Hof, Hansa-Haus, Städtisches Kaufhaus, Kretschmanns Hof, Oelßners Hof und Dresdner Hof. Später kamen einige Neubauten hinzu, wie in den „Goldenen Zwanzigern" die Theaterpassage,

Mädlerpassage mit Eingang zu „Auerbachs Keller".

nach 1945 die Messehofpassage und nach 1990 Burgplatz-Passage, Marktpassage und Petersbogen. Die Leipziger Passagen basieren wie die Mädlerpassage in vielen Fällen auf historischen Durchgangshöfen, die für die Messe genutzt wurden. Eine Vorstellung hiervon gewinnt man im weitgehend original erhaltenen Barthels Hof aus der Mitte des 18. Jahrhunderts. In diese „Durchhöfe" fuhren während der Warenmesse die Fuhrwerke hinein, wurden entladen und konnten, ohne zu wenden, am anderen Ende hinausfahren. Die stimmungsvollen Leipziger Passagen und Durchgangshöfe aus verschiedenen Epochen bis hin zu Webers Hof aus dem 17. Jahrhundert bilden heute eine architektonische Besonderheit. Sie durchziehen die Stadt als paralleles Wegenetz für Fußgänger mit Geschäften, Cafés und Restaurants.

39 Grüne Lunge
Die Leipziger Parklandschaft

Die Expansion der Industriegroßstadt verdrängte im 19. Jahrhundert eine prächtige barocke Gartenlandschaft rund um die spätere City. Dafür entstanden ausgedehnte gründerzeitliche Parkanlagen, die bis heute den Kern der grünen Lunge Leipzigs bilden.

In der wohlhabenden Messe- und Handelsstadt Leipzig ließ die bürgerliche Oberschicht ihrem Repräsentationsbedürfnis, das nicht zuletzt mit der Residenz Dresden zu konkurrieren suchte, freien Lauf. Dies fand neben aufwändigen Bürgerhäusern und öffentlichen Gebäuden auch in der eindrucksvollen barocken Gartenlandschaft des 17. und 18. Jahrhunderts seinen Ausdruck. Kein Geringerer als der kursächsische Hofmaler Johann Alexander Thiele aus Dresden hat dies schlaglichtartig festgehalten. In einem seiner großen Prospekte von 1740, ausgestellt im Stadtgeschichtlichen Museum, ist die Westvorstadt mit Apels Garten zu sehen, einem der eindrucksvollsten Barockgärten Deutschlands. Dieser war großzügig ausgestattet mit plastischem Schmuck unter anderem vom Dresdner Hofbildhauer Balthasar Permoser, Schöpfer des Zwingers Augusts des Starken. Rund 30 dieser typischen geometrischen Anlagen waren rund um die mauerumwehrte Stadt gruppiert. Nicht nur der junge Leipziger Student Johann Wolfgang Goethe schwärmte 1765: „Die Leipziger Gärten sind so prächtig, als ich in meinem Leben etwas gesehen habe."

Jene Gartenpracht rund um die heutige City, die harmonisch ins ländliche Umfeld auslief, verschwand jedoch weitgehend mit der Entwicklung zur Industriegroßstadt. Der Gründerzeitgürtel mit seinen Wohnvierteln, Gewerbegebieten und öffentlichen Großbauten verdrängte im 19. Jahrhundert die ausgedehnten Anlagen. So ist denn auch von Apels

Garten, seit 1702 vom Großkaufmann Andreas Dietrich Apel angelegt, nur noch ein bescheidener Rest geblieben. Er bildet heute den Übergang vom Rathaus zu den Anlagen von Johannapark und Clara-Zetkin-Park. Einige einst vor der Stadt liegende historische Parkanlagen wie das Rosental konnten sich dagegen zu modernen Landschaftsparks entwickeln. In der Gründerzeitmetropole entstand zugleich um die Jahrhundertwende ein neuer repräsentativer Grünzug beidseits der Elster-Pleiße-Flussaue. Er bildet bis heute mit Richard-Wagner-Hain, Palmengarten, Clara-Zetkin-Park, Johannapark und der anschließenden Pferderennbahn Scheibenholz das Rückgrat der urbanen Parklandschaft mit zahlreichen Erholungs- und Freizeitangeboten.

Gleichzeitig legte man in den neuen Stadtteilen kleinere Parks und begrünte Plätze zur Auflockerung an. Zu den gründerzeitlichen Grünanlagen zählt auch der 1886 eröffnete Südfriedhof, einer der größten parkähnlichen Friedhöfe Deutschlands. 1865 nahm mit dem Schreberplatz der deutschlandweite Siegeszug des Kleingartens von Leipzig aus seinen Anfang. An den wegweisenden Prototyp des Schrebergartens, das kleine grüne Paradies der gründerzeitlichen Großstadt, erinnert das Deutsche Kleingärtnermuseum an authentischem Ort nahe dem Johannapark. Heute stellen die 278 Kleingartenanlagen rund ein Drittel der städtischen Grünflächen neben Parkanlagen und Wald. Der Auwald entlang von Weißer Elster und Pleiße kann dank der erheblichen Verbesserung des Umweltschutzes nach 1989/90 wieder seinen wichtigen ökologischen und sozialen Funktionen gerecht werden. Nach Süden geht er in die rekultivierte Tagebaulandschaft des Leipziger Neuseenlandes über. So hat sich in den letzten drei Jahrzehnten die grüne Lunge Leipzigs nicht nur erholt, sondern noch erheblich geweitet.

Malerischer Winkel im Clara-Zetkin-Park.

40 Kleines Paradies
Der Schrebergarten

Das millionenfache Kleingärtner-Paradies der Deutschen hat seine Wurzeln in Leipzig. Die 1864 beginnende Erfolgsgeschichte des Schrebergartens kann im Deutschen Kleingärtnermuseum authentisch nachvollzogen werden.

Millionen deutsche Kleingärtner schaffen sich seit vielen Generationen ihre kleinen grünen Paradiese. Der oft synonym für Kleingarten gebrauchte Begriff Schrebergarten verweist dabei auf die Leipziger Wurzeln dieser floralen Massenbewegung. Ihr Namensgeber war der Arzt und Universitäts-Lehrer Moritz Schreber, der sich – mit aus heutiger Perspektive bisweilen problematischen Methoden – um die Gesundheit von Kindern bemühte. Dessen Freund Ernst Innocenz Hauschild gründete 1864, drei Jahre nach Schrebers Tod, einen Verein zur Schaffung eines Turn- und Spielplatzes. Dieser wurde im Folgejahr als Schreberplatz am Johannapark nahe der später dort errichteten Lutherkirche eingeweiht. Aus kleinen Gärten für Kinder, angelegt vom Fröbel-Pädagogen Karl Gesell, gingen dort 1869 die ersten „Schrebergärten" für die ganze Familie hervor. 1876 fand der heutige Kleingärtnerverein „Dr. Schreber" seinen endgültigen Platz. Dieser „Prototyp" fand bald viele Nachahmer in Leipzig und ganz Deutschland.

Es war kein Zufall, dass der Schrebergarten in der rasant wachsenden Industriegroßstadt eines seiner Zentren fand. Industrialisierung und Urbanisierung hatten gerade bei Arbeitern und Kleinbürgern den Wunsch nach einem natürlichen Rückzugsort wachsen lassen, der zugleich Geselligkeit mit Gartenfreunden bot. Die Hungersnöte des „Zeitalters der Extreme" mit seinen beiden Weltkriegen ließen die Bedeutung eines eigenen Gartens zusätzlich steigen. Nach dem Ersten Weltkrieg wurden die Kleingarten- und Kleinpachtlandordnung von 1919 erlassen und 1921 der Reichsverband der Kleingartenvereine Deutschlands gegründet. Jetzt erreichte die Bewegung ihren Höhepunkt. Heute stellen die 278 Anlagen mit über 39.000 Parzellen auf ca. 1.240 Hektar rund ein Drittel der Grünflächen der Stadt neben öffentlichen Parkanlagen und Wald.

Die Bedeutung Leipzigs als Ursprungsort der kleinen Paradiese unterstreicht an authentischem Ort das Deutsche Kleingärtnermuseum – eine in ihrer Art einzigartige Einrichtung. Das Museum befindet sich im historischen Vereinsheim von 1896 und wurde auf Initiative eines Fördervereins 1996 im Rahmen des 30. Kongresses des Kleingärtnerverbandes Fédération Internationale des Jardins Familiaux eröffnet. Die Ausstellung „Deutschlands Kleingärtner vom 19. zum 21. Jahrhundert" lässt die Entwicklung des deutschen Kleingartenwesens vom ersten Verein in Kappeln an der Schlei 1814 bis heute Revue passieren. Hierbei spürt man Wurzeln, Formen und

Deutsches Kleingärtnermuseum im KGV „Dr. Schreber".

Alltag jenes Phänomens nach, portraitiert Armengärten, Naturheilbewegung, Schreberbewegung, Gärten von Betrieben und Institutionen, Laubenkolonisten und Arbeitergärten des Deutschen Roten Kreuzes.

Ihre Anschaulichkeit verdankt die Einrichtung auch dem Museumsgarten mit einer der ältesten Gartenlauben Deutschlands von 1880 und historischen Ausstellungsgärten aus verschiedenen Epochen. In der denkmalgeschützten Anlage des KGV „Dr. Schreber" lädt ein Kinderspielplatz mit Spielgeräten nach historischem Vorbild die jüngsten Besucher ein. Ein weiteres unerlässliches Element einer klassischen Kleingartenanlage bildet die Gaststätte „Schrebers Restaurant und Biergarten". Das Museum engagiert sich über die Veranschaulichung der Kleingartengeschichte hinaus auch in der Forschung und publiziert in ihrer Wissenschaftlichen Schriftenreihe neueste Ergebnisse.

41 Sächsisches Selbstbewusstsein

Das Reichsgericht

Ausdruck für das Selbstbewusstsein Sachsens im Deutschen Kaiserreich von 1871 war die Ansiedlung des Reichsgerichtes in Leipzig 1879. Der prächtige Gründerzeitbau von 1895 erlebte bewegte Zeiten und beherbergt heute das Bundesverwaltungsgericht.

Sachsen geriet nach dem glanzvollen Zeitalter Augusts des Starken, von dem auch die Messestadt Leipzig profitiert hatte, mehrfach auf die Verliererseite der Geschichte. Im Siebenjährigen Krieg büßte es 1763 seine Stellung als Großmacht ein, auf dem Wiener Kongress 1815 ging mehr als die Hälfte seines Territoriums an Preußen verloren. Bei der Entscheidung zwischen den Hegemonialmächten Österreich und Preußen 1866 setzte man erneut auf das „falsche Pferd“ in Wien. In der Schlacht bei Königgrätz am 3. Juli 1866 standen sich so preußische und österreichisch-sächsische Truppen gegenüber. Das sächsische Korps unter dem Prinzen und späteren König Albert (reg. 1873–1902) konnte trotz tapferer Gegenwehr den Triumph Preußens nicht verhindern. Sachsen wurde erneut besetzt, konnte aber einer Annektion entgehen. Albert gewann zudem im Deutsch-Französischen Krieg 1870/71 hohes Ansehen als Feldherr. Er führte das Königreich Sachsen als geachtetes Mitglied in das am 18. Januar 1871 in Versailles ausgerufene Deutsche Kaiserreich. Sachsen verfügte sogar weiterhin über eine eigene Armee. Für die Garnison Leipzig wurden Ende des 19. Jahrhunderts im Nordwesten der Stadt ausgedehnte Kasernenkomplexe errichtet, die heute überwiegend zivilen Zwecken dienen.

Ein weiteres Symbol des ungebrochenen sächsischen Selbstbewusstseins im preußisch dominierten Nationalstaat war die Ansiedlung des Reichsgerichtes in Leipzig 1879. Im Zuge der „inneren Reichsgründung“ traten einheitliche Reichsjustizgesetze in Kraft, wobei das Reichsgericht als Oberster Gerichtshof fungierte. Bei der Abstimmung über den Standort im Bundesrat 1877 hatte sich Sachsen gegen Preußen und dessen Kandidaten Berlin knapp mit 30 zu 28 Stimmen durchgesetzt. Die Messemetropole und Universitätsstadt war schon zuvor Sitz des obersten Handelsgerichtes gewesen und genoss hohes Ansehen im ganzen Reich. Das Gericht tagte unter seinem ersten Präsidenten, dem bedeutenden Juristen und Vorkämpfer für einen deutschen Verfassungsstaat Eduard von Simson, zunächst in der Georgenhalle, den umgebauten Leipziger Fleischhallen am Brühl. Unter seinem Nachfolger Otto von Oehlschläger zog es 1895 an den südwestlichen Rand der Innenstadt um. Der imposante historistische Gründerzeitbau erinnert an ähnliche Repräsentationsbauten jener Zeit wie den Reichstag in Berlin. Die Architekten Ludwig Hoffmann und Peter Dybwad griffen dabei auf Elemente der Renaissance und des Barock zurück.

Das bewegte 20. Jahrhundert rückte das Reichsgericht mehrfach in den

Reichsgerichtsgebäude am Simsonplatz.

Fokus. Hierzu zählt insbesondere der Reichstagsbrandprozess 1933, ein mit der Freisprechung von Georgi Dimitroff und anderen kommunistischen Angeklagten gescheiterter Schauprozess der Nationalsozialisten. Nach Kriegsende 1945 wurde das Reichsgericht von den Alliierten aufgelöst, das Gebäude in der DDR-Zeit für verschiedene, überwiegend kulturelle Zwecke genutzt. Im 1990 vereinten Deutschland konnte Leipzig wieder an seine einstige Stellung als nationales Justizzentrum anknüpfen. 1997 wurde die Verlegung des Bundesverwaltungsgerichtes von Berlin in die Pleißestadt beschlossen. 2002 zog das oberste Gericht der Bundesrepublik Deutschland in öffentlich-rechtlichen Streitigkeiten nicht verfassungsrechtlicher Art in das sanierte Reichsgerichtsgebäude ein.

42 Arena und Kaderschmiede

Die Sportstadt

Leipzig gilt seit dem 19. Jahrhundert als eine ausgesprochene Sportstadt. In der DDR-Zeit stieg es mit der Deutschen Hochschule für Körperkultur (DHfK) zur international beachteten Kaderschmiede des Leistungssports auf. Aus ihr gingen populäre Sportler wie Radsport-Legende „Täve" Schur hervor.

Eine Facette der modernen Großstadt ist das neue Massenphänomen Sport seit dem späten 19. Jahrhundert. Leipzig bot immer wieder die Arena für spektakuläre Großereignisse im Fußball, Turnen, Radsport, Leichtathletik, Rudern oder Boxen. Insbesondere in der DDR-Zeit stieg es zugleich zur international beachteten Kaderschmiede des Leistungssports auf. Die SED-Führung förderte großzügig ihre „Diplomaten im Trainingsanzug", die für entsprechende Erfolge sorgten. Symbolort hierfür ist das Zentralstadion. Als „Stadion der Hunderttausend" gehörte die 1956 auf Trümmerschutt aus dem Zweiten Weltkrieg eröffnete Arena zu den größten Europas. Sie diente neben Fußball-Länderspielen und hochrangigen Wettkämpfen dem Turn- und Sportfest der DDR, das zwischen 1954 und 1987 achtmal in Leipzig stattfand. Es ging auf das Deutsche Turnfest zurück, das 1863, 1913 und 1922 bereits in Leipzig durchgeführt worden war. 2002 konnte man an diese Tradition anknüpfen. Das Zentralstadion wurde 2000 abgerissen und im Innenraum eine moderne Fußballarena errichtet. Diese erlebte bei der Fußball-WM 2006 ihre Feuertaufe. Heute firmiert sie als Red Bull Arena und ist Heimstätte des Fußball-Bundesligisten RB Leipzig.

Basis der wichtigsten DDR-Sportstatt war die 1950 eröffnete Deutsche Hochschule für Körperkultur (DHfK). Diese erhielt südlich des Zentralstadions einen großzügigen Campus. 1991 wurde die nicht von den Schattenseiten des DDR-Leistungssports unberührt gebliebene Einrichtung als Sportwissenschaftliche Fakultät in die Universität eingegliedert. Ihren Namen trägt weiterhin der SC DHfK Leipzig. Der größte Sportverein der Stadt hat zahllose Olympiasieger und Weltmeister hervorgebracht. Seine Handballer, Europapokalsieger (1966) und sechsfache DDR-Meister, tragen ihre Bundesligaspiele in der 2002 eröffneten Arena Leipzig aus. Mit solchen modernen Anlagen ist die Sportstadt gut für die Zukunft aufgestellt, verliert aber auch ihre Traditionen nicht aus den Augen. Diese sollen in einem neuen Sportmuseum des Stadtgeschichtlichen Museums gebündelt werden. Der Fundus der sporthistorischen Sammlung hält hierfür viele hochkarätige Exponate bereit, die emotionale Momente wieder lebendig werden lassen können.

Hierzu gehören etwa die Siege der DDR-Radsport-Legende Gustav-Adolf „Täve" Schur, über dessen Diamant-Rennrad von 1963 das Museum verfügt. Der wohl populärste Athlet der DDR, neunmal „Sportler des Jahres", erzielte

Die Red Bull Arena entstand innerhalb des einstigen Zentralstadions.

seine großen Erfolge als Angehöriger des SC DHfK Leipzig. 1955 und 1959 konnte er sich als Gewinner der Internationalen Friedensfahrt Berlin–Prag–Warschau, gewissermaßen der „Tour de France des Ostens", als erster DDR-Fahrer das Gelbe Trikot überstreifen; 1958 und 1959 bekam er ebenfalls als erster DDR-Fahrer das Regenbogentrikot als Weltmeister im Straßen-Einzelrennen. Hinzu kamen eine Bronze- und Silbermedaille bei den Olympischen Spielen 1956 in Melbourne und 1960 in Rom sowie zahlreiche DDR-Meistertitel. In Erinnerung ist der untadelige Sportsmann aber nicht zuletzt durch einen verpassten Titel geblieben. Bei der Heim-WM 1960 ließ er trotz des greifbaren Meisterschafts-Hattricks seinem Mannschaftskameraden Bernhard Eckstein den Vortritt, dessen Siegchancen er höher eingeschätzt hatte. Das Rennen auf dem Sachsenring bei Hohenstein-Ernstthal am 13. August 1960 gilt, ungeachtet der propagandistischen Überhöhung durch die DDR-Medien, als Meilenstein der Sportgeschichte.

43 Wiege des deutschen Fußballs
Die Fußballstadt

In der Fußballstadt Leipzig wurde 1900 der Deutsche Fußball-Bund gegründet und 1903 mit dem VfB der erste Deutsche Meister gefeiert. In der DDR-Zeit sorgten der 1. FC Lok und die BSG Chemie für nationale und internationale Furore, heute die Neugründung RB.

Die Sportstadt Leipzig kann sich auch als Fußballstadt, ja als Wiege des deutschen Fußballs bezeichnen. Der Deutsche Fußball-Bund (DFB), der größte nationale Sport-Fachverband der Welt, wurde am 28. Januar 1900 in Leipzig gegründet. Ort des historischen Geschehens war das Restaurant „Zum Mariengarten" in der Büttnerstraße 10. Leipzig überzeugte von Beginn an auch auf dem grünen Rasen. Der erste Deutsche Meister war 1903 der zehn Jahre zuvor gegründete Verein für Bewegungsspiele Leipzig, kurz VfB. Zweimal konnten die Blauweißen 1906 und 1913 den Titel erneut erkämpfen. Nach dem Ersten Weltkrieg ging die Dominanz der Pleißestädter verloren, die aber in ihrem 1922 eingeweihten Stadion in Probstheida, dem heutigen Bruno-Plache-Stadion, weiter zur nationalen Spitze gehörten.

Nach 1945 wurde der Fußball in die Strukturen der Sowjetischen Besatzungszone und DDR überführt. Aus „bürgerlichen" Vereinen entstanden staatlich gelenkte Clubs und Betriebssportgemeinschaften (BSG). Aus dem VfB ging der 1. FC Lokomotive Leipzig hervor. Der erlangte zwar nie Meisterehren, wurde aber fünfmal Gewinner des FDBG-Pokals (1957/76/81/86/87). In den 1980er-Jahren fungierte die „Loksche" neben Dynamo Dresden als Gegenspieler des verhassten „Stasi-Clubs" BFC Dynamo aus Ostberlin, DDR-Dauermeister von 1979 bis 1988. Viele Fans mutmaßten, dass dies nicht allein an sportlicher Qualität lag, sondern auch MfS-Chef Erich Mielke seine Finger im Spiel hatte. Besonders das Spitzenspiel am 22. März 1986 sorgte für Empörung, als der Schiedsrichter in der Nachspielzeit den Berlinern den „Schand-Elfmeter von Leipzig" zusprach.

Während der BFC international enttäuschte, gelangen Leipzig große Erfolge im Europapokal. Als einer von drei DDR-Clubs neben dem 1. FC Magdeburg und FC Carl-Zeiß Jena erreichten die Blaugelben sogar ein Finale. Schon 1974 war man bis ins Halbfinale vorgedrungen. Dreizehn Jahre später konnte die letzte Hürde in einem der emotionalsten Spiele der DDR-Fußballgeschichte übersprungen werden. Am 22. April 1987 verwandelte Nationaltorhüter René Müller vor geschätzten 100.000 Zuschauern im Zentralstadion nach Verlängerung den entscheidenden Elfmeter zum 6:5 gegen Girondins Bordeaux. Das Finale um den Europapokal der Pokalsieger gegen Ajax Amsterdam ging dann allerdings mit 0:1 verloren.

Der große Lokalrivale von Lok war die BSG Chemie Leipzig aus dem 1920

Gedenktafel für die Gründung des DFB 1900 in der Büttnerstraße 10.

eröffneten heutigen Alfred-Kunze-Sportpark in Leutzsch. Sie erkämpfte 1951, nur ein Jahr nach ihrer Gründung, den ersten Meistertitel. 1954 folgte jedoch die Auflösung zugunsten von Chemie Halle und Lok Leipzig. 1963 wiedergegründet, gewann der staatlich nicht geförderte „Rest von Leipzig“ unter Trainer Alfred Kunze sensationell den Meistertitel 1964 und den FDGB-Pokal 1966. Ihrer grün-weißen Legende blieben die Chemie-Fans trotz fortan ausbleibender Erfolge bis hin zum Abstieg in die 2. Liga treu.

Nach 1990 teilte Leipzig das traurige Schicksal des gesamten Ostfußballs. Lok benannte sich wieder in VfB um und spielte 1993/94 Bundesliga. Abstiegen folgte 2004 die Auflösung des verschuldeten Vereins. Der 1990 in FC Sachsen umbenannten Stadtrivale musste 2011 die Segel streichen. Traditionsbewusste Fans initiierten jedoch die Wiedergründung von Chemie (1997) und Lok (2003). Beide Vereine kämpften sich hierauf in höhere Fußballsphären zurück. Am 9. Oktober 2004 stellte Lok dabei in der 3. Kreisklasse gegen Eintracht Großdeuben II mit 12.421 Zuschauern im Zentralstadion den Weltrekord in der niedrigsten nationalen Spielklasse auf. Leipzig ist zudem mit der von einem österreichischen Energydrink-Hersteller gesponserten Neugründung RasenBallsport seit 2016 in der Bundesliga und seit 2017 im Europapokal präsent. Spielstätte von RB Leipzig, das 2022 mit dem DFB-Pokal seinen ersten Titel feiern konnte, ist die Red Bull Arena, das einstige Zentralstadion.

44 Goldene Zwanziger
Leipzig in der Weimarer Republik

Der Erste Weltkrieg bereitete der dynamischen Aufwärtsentwicklung der Stadt seit der Gründerzeit ein abruptes Ende. Nach Krieg und Nachkriegskrise sorgten die „Goldenen Zwanziger" (1924–1929) wieder für beachtliche Impulse.

Die Zeit unmittelbar vor dem Epochenjahr 1914 war für Leipzig der Kulminationspunkt seiner Stadtentwicklung. Es darf fast schon als Untertreibung gelten, wenn Oberbürgermeister Rudolf Dittrich in seinem Rechenschaftsbericht in der Stadtverordnetenversammlung 1913 von „günstigen wirtschaftlichen Verhältnissen" sprach. Die Industriegroßstadt mit ihren weiteren profilprägenden Bereichen wie Messe, Buch, Wissenschaft, Justiz und Verkehr hatte sich mit der Gründerzeit nach der Reichsgründung 1871 zu einer der prosperierenden Metropolen Deutschlands aufgeschwungen. Dies schlug sich auch im Stadtbild des „Klein-Paris" nieder, das in jenem Jahr mit dem Völkerschlachtdenkmal eine weitere zugkräftige Sehenswürdigkeit erhielt. Unmittelbar vor der Fertigstellung standen ambitionierte Projekte wie Hauptbahnhof und Deutsche Bücherei.

Das nun folgende „Zeitalter der Extreme" mit zwei Weltkriegen, mit Wirtschaftskrisen und politischen Umwälzungen brachte dann jedoch kräftige Dämpfer der bis dahin so dynamischen Entwicklung. Am Beginn stand der Erste Weltkrieg von 1914 bis 1918. Über die 16.323 „im Felde" gebliebenen Leipziger Soldaten hinaus forderte jener erste industrielle Massenkrieg auch Tausende Opfer an der „Heimatfront" durch Hunger und Krankheit. Dies kulminierte in der Novemberrevolution 1918, die auch das Ende der Monarchie in Sachsen brachte. Besiegelt wurde das in Leipzig mit einer Großdemonstration auf dem Augustusplatz am 10. November. Die folgende Weimarer Republik (1918–1933) sah zunächst Krisenjahre mit sozialem Elend und politischer Gewalt. Den Gipfelpunkt bildete der „heiße Herbst" 1923 mit Bürgerkrieg und Hyperinflation.

Auf Währungsreform und politische Beruhigung der Lage folgten dann jene – in der Rückschau oftmals verklärten – „Goldenen Zwanziger" (1924–1929). Wenngleich keineswegs in allen Bereichen wieder das Vorkriegsniveau erreicht wurde, empfanden viele Menschen doch nach einem Jahrzehnt Krieg und Krise Erleichterung über die spürbare Aufwärtsentwicklung. Die Wirtschaft boomte wieder in Leipzig, die soziale Not ließ nach. Die Messen der 1920er-Jahre übertrafen alles an Internationalität, Massenbesuch und quirliger Lebendigkeit. Nicht zufällig erreichte auch die Einwohnerzahl jetzt ihren absoluten Gipfelpunkt: Von 1920 bis 1930 erhöhte sie sich von 620.000 auf fast 720.000.

In der weltoffenen Bürgerstadt kam die Moderne in Kunst, Design und Bau

Krochhochhaus am Augustusplatz von 1928.

breit zur Entfaltung. Das schnörkellose Neue Bauen des 1919 in Weimar gegründeten Bauhauses fand vielfach Anwendung. Die Ringbebauung setzte mit dem Krochhochhaus (1928) und Europahaus (1929) am Augustusplatz Akzente. Auch das 1927 eröffnete neue Grassimuseum atmet jenen Geist der 1920er-Jahre, der in den Kunstsammlungen Einzug hielt. In den Vorstädten betrieb die wachsende Kommune sozialen Wohnungsbau. Der markante „Rundling“ (Nibelungensiedlung) in Lößnig (1930) gilt in der Architekturgeschichte geradezu als Symbol der Ideale des Neuen Bauens der Weimarer Republik. Großprojekte wie das Elsterbecken (1925) als Schlussstein des Hochwasserschutzes und der Flughafen Halle/Leipzig (1927) fallen ebenso in jene bewegte Zeit. Die Weltwirtschaftskrise ab 1929 bereitete der kurzen Blüte jedoch ein abruptes Ende. Sie legte mit erneuter Massenarbeitslosigkeit und politischer Radikalisierung die Grundlage für die „Machtergreifung“ der Nationalsozialisten.

45 Autobahn und Flughafen
Das moderne Verkehrsdrehkreuz

Leipzig entwickelte sich beginnend mit den „Goldenen Zwanzigern" zum modernen Verkehrsdrehkreuz Mitteldeutschlands. Hierfür stehen die Autobahn-Anbindung in den 1930er-Jahren und der 1927 eingeweihte Flughafen Leipzig/Halle.

Die „Goldenen Zwanziger" gelten als eine lebendige Zeit des Aufbruchs und der buchstäblichen Beschleunigung. Dies gilt besonders für die Entwicklung von Wissenschaft, Technik und Verkehr. So nahm der im Kaiserreich noch bescheidene Automobilverkehr sprunghaft zu, was sich auch im Stadtbild mit Tankstellen, Garagen und Parkplätzen niederschlug. Gegen Ende der Weimarer Republik nahmen die Planungen für eine revolutionäre Erneuerung des Fernverkehrs Gestalt an, die 1932 erstmals als „Autobahn" in den Fokus der breiteren Öffentlichkeit trat. Zur Zeit des Nationalsozialismus wurde der Bau der kreuzungsfreien Straßen mit getrenntem Richtungsverkehr als „Straßen des Führers" mit großem Propagandaaufwand begonnen. Im Streckennetz spielte Leipzig von Beginn an als Knotenpunkt eine wichtige Rolle. Vor Ausbruch des Zweiten Weltkriegs 1939 war die Reichsautobahn 9, die heutige A 9 von Berlin nach München, bereits durchgehend befahrbar. Das 1936 eingeweihte Schkeuditzer Kreuz zwischen Leipzig und Halle gilt dabei als ältestes Autobahnkreuz Europas. Die hier nördlich von Leipzig verlaufende heutige A 14 wurde allerdings erst in der DDR-Zeit Richtung Dresden und nach 1990 bis Magdeburg komplettiert. Südlich von Leipzig schließt seit 2006 die A 38 den für die wirtschaftliche Entwicklung sehr bedeutsamen Autobahnring.

In unmittelbarer Nähe des Schkeuditzer Kreuzes findet sich ein weiteres Symbol für den verkehrstechnischen Aufbruch in den „Goldenen Zwanzigern". Der 1927 in Betrieb genommene heutige Leipzig/Halle Airport befand sich allerdings seinerzeit noch auf dem Territorium der seit dem Wiener Kongress 1815 bis an die Leipziger Stadtgrenze reichenden preußischen Provinz Sachsen. Er firmierte denn auch zunächst als Flughafen Halle/Leipzig, zumal die Nachbarstadt an der Saale ursprünglich die Initiative für das Gemeinschaftsprojekt ergriffen hatte. Das rasch Fahrt aufnehmende Verkehrsdrehkreuz konnte auf eine lange Tradition der Luftfahrt zurückblicken: 1784 war in Leipzig der erste Heißluftballon aufgestiegen, 1909 hatten erstmals Luftschiffe die Stadt angesteuert und 1911 wurde in Lindenthal der erste zivile Flugplatz mit Flugschule und Hangars der Deutschen Flugzeug-Werke eröffnet. 1913 folgte der Flughafen Leipzig-Mockau mit einer 160 Meter langen Luftschiffhalle und einem Flughafenhotel.

An diese vom Ersten Weltkrieg unterbrochene dynamische Entwicklung knüpfte man Ende der 1920er-Jahre in Schkeuditz erfolgreich an. Die Anlagen

Der Flughafen Leipzig ist eines der größten Frachtdrehkreuze weltweit.

wurden ausgebaut und erhielten etwa mit dem Restaurantgebäude „Glaspalast" 1931 moderne Impulse. Die Frequenz nahm enorm zu und spiegelte die Bedeutung der gut 700.000 Einwohner zählenden Messestadt. 1937 rangierte der Flughafen mit mehr als 40 Starts pro Tag an vierter Stelle in Deutschland. Erneut brachte der Zweite Weltkrieg die zivile Luftfahrt weitgehend zum Erliegen. Erst in den 1960er-Jahren kam wieder Leben in den von Mockau nach Schkeuditz verlegten „Messeflughafen", der für die Gäste aus fernen Ländern das Entree in die Ost-West-Handelsbörse bildete. 1972 nahm er wieder den Dauerbetrieb auf. Der 1991 umbenannte Flughafen Leipzig/Halle konnte sich auch im vereinten Deutschland behaupten. Er wurde samt neuer Landebahn nördlich der A 14 umfassend erneuert und erhielt einen eigenen Fern- und S-Bahn-Anschluss. 2019 zählte der Airport 2,6 Millionen Fluggäste. Im Coronajahr 2020 sank die Zahl allerdings auf 530.000, womit Leipzig an 13. Stelle in Deutschland rangierte. Das 2008 in Betrieb genommene DHL-Luftfrachtdrehkreuz dagegen steigerte sogar noch sein Frachtaufkommen auf 1,6 Millionen Tonnen und gehört damit zu den wichtigsten seiner Art weltweit.

46 Konservativer Widerstand
Oberbürgermeister Carl Goerdeler

Carl Goerdeler, einer der profiliertesten Kommunalpolitiker, war von 1930 bis 1936 Oberbürgermeister von Leipzig. Der Verwaltungsexperte entwickelte sich zum Gegner des NS-Regimes und gehörte zu den Hitler-Attentätern des 20. Juli 1944.

Carl Goerdeler gehörte zu den führenden Köpfen des konservativen Widerstandes gegen den Nationalsozialismus. Beim Hitler-Attentat der Militärs um Oberst Claus Schenk Graf von Stauffenberg vom 20. Juli 1944, das Goerdeler wesentlich mit vorbereitet hatte, war ihm die Rolle des neuen Reichskanzlers zugedacht. Nach dem Scheitern des Attentates wurde er nach einer Denunziation im August 1944 verhaftet und vom Volksgerichthof des berüchtigten Roland Freisler zum Tode verurteilt. Am 2. Februar 1945 wurde Goerdeler in der Haftanstalt Berlin-Plötzensee hingerichtet.

Dieses tragische Ende des konservativen Kommunalpolitikers war lange, auch noch über die „Machtergreifung" der Nationalsozialisten 1933 hinaus, keineswegs abzusehen. 1884 in Schneidemühl als Sohn eines preußischen Beamten geboren, durchlief er zunächst die üblichen Instanzen der bürgerlichen Führungsschicht des Kaiserreiches. Nach dem Jura-Studium in Tübingen und Königsberg begann Goerdeler 1911 in Solingen seine Karriere als Kommunalpolitiker. Der beachtliche Aufstieg bis zum Beigeordneten der Stadt wurde durch den Ersten Weltkrieg von 1914 bis 1918 unterbrochen, an dem er durchgehend an der Ostfront teilnahm. Der den nationalen Idealen seiner Herkunft verpflichtete Offizier erlebte die Kriegsniederlage und Novemberrevolution 1918 als einschneidende Zäsur. Er organisierte sich während der ungeliebten Weimarer Republik in der rechtskonservativen Deutschnationalen Volkspartei (DNVP), der er seit 1919 angehörte. Zunächst in den Dienst in Solingen zurückgekehrt, kletterte Goerdeler die Karriereleiter 1920 eine Stufe weiter zum Zweiten Bürgermeister der Großstadt Königsberg.

Dann folgte 1930 der größte Karrieresprung mit der Wahl zum Oberbürgermeister von Leipzig. Die 700.000-Einwohner-Metropole war nicht nur nach Berlin, Hamburg und München die viertgrößte Stadt Deutschlands, sondern besaß als Messe-, Buch- und Industriezentrum nationale Bedeutung. Hierzu zählte auch der Sitz von Institutionen wie dem Reichsgericht. Goerdelers Amtsantritt fiel mitten in die Weltwirtschaftskrise, die auch Leipzig nach den kurzen „Goldenen Zwanzigern" mit Massenarbeitslosigkeit und sozialem Elend voll erfasste. Der versierte Verwaltungsexperte verstand es jedoch, die Pleißestadt vergleichsweise glimpflich durch diese schwere Zeit hindurchzulotsen. Sein guter Ruf hatte ihn mehrfach als Reichskanzler ins Gespräch gebracht, 1931/32 und 1934/35 übte er das

Denkmal für Carl Goerdeler vor dem neuen Rathaus.

Amt des Reichskommissars für Preisüberwachung aus.

Wie viele Nationalkonservative begrüßte Goerdeler trotz gewisser Vorbehalte zunächst die „Machtergreifung" der Nationalsozialisten nach der Ernennung Adolf Hitlers zum Reichskanzler durch Reichspräsident Paul von Hindenburg am 30. Januar 1933. Zudem blieb er als einziger sächsischer Oberbürgermeister im Amt. Allerdings ergaben sich zunehmend Reibereien, auch weil er nicht in die NSDAP einzutreten bereit war. Allmählich wandelte sich Goerdeler zum Gegner des NS-Regimes, dessen Antisemitismus, Unterdrückungspolitik und riskantes Wirtschaftsgebaren er ablehnte. Den offenen Bruch brachte ein Akt der Kulturbarbarei, der gegen einen der Exponenten der großen Leipziger Musiktradition gerichtet war. In der Nacht des 9. November 1936 beseitigten die Nationalsozialisten das Denkmal des jüdischen Komponisten Felix Mendelssohn Bartholdy. Goerdeler trat darauf von seinem Amt als Oberbürgermeister zurück. Heute wird er unter anderem mit einem Denkmal vor dem Neuen Rathaus und der Benennung eines Teils des Stadtrings geehrt.

47 Mühen der Ebene
Die DDR-Zeit

Nach den Schrecken von NS-Diktatur und Zweitem Weltkrieg nahm die Stadtentwicklung in der DDR einen gedämpften Verlauf. Als Akt der Kulturbarbarei hat sich die Zerstörung der Universitätskirche 1968 ins kollektive Gedächtnis eingebrannt.

Die Zeit des Nationalsozialismus von 1933 bis 1945 war auch in Leipzig gekennzeichnet von brutaler Verfolgung politisch und rassistisch ausgegrenzter Menschen. Rund 11.500 jüdische Bürger wurden verfolgt und ermordet, ihre Synagogen fielen der Reichspogromnacht am 9. November 1938 zum Opfer. Die NS-Diktatur gipfelte im Zweiten Weltkrieg von 1939 bis 1945, der durch Luftangriffe erhebliche Opfer forderte. Mehr als 5.000 Menschen starben, viele Baudenkmale fielen in Schutt und Asche. Allein der britische Luftangriff am 4. Dezember 1943 kostete rund 1.800 Menschenleben. Allerdings blieb Leipzig eine flächenhafte Zerstörung bis zur Besetzung durch die US-Armee am 18. April 1945 erspart. Im Juli 1945 fiel es an die Sowjetische Besatzungszone und gehörte von 1949 bis 1990 zur DDR. Nach Auflösung der Länder 1952 wurde es Hauptstadt des Bezirkes Leipzig. Die Stadt blieb ein wichtiges Industriezentrum, dessen Betriebe nun in die staatlich gelenkte Planwirtschaft eingefügt wurden. Kehrseite war unter anderem eine zunehmende Umweltverschmutzung, insbesondere durch die Braunkohle-Tagebaue im Umland mit großen Energie- und Chemiebetrieben.

Die seit der Gründerzeit dynamische Stadtentwicklung nahm nach 1945 eine gebremste, in vielen Bereichen sogar rückläufige Entwicklung. Zählte Leipzig Anfang der 1950er-Jahre noch mehr als 600.000 Einwohner, so ging deren Zahl bis zum Ende der DDR auf 545.000 zurück. Damit unterschied es sich von vielen anderen Bezirksstädten. Die „Mühen der Ebene" fielen hier besonders beschwerlich aus. So hatte Bertold Brecht die Entwicklung nach dem „Sieg der Arbeiterklasse" in der DDR bezeichnet, was später Erich Loest in seinem Roman „Es geht seinen Gang oder Mühen in unserer Ebene" (1978) für Leipzig aufgriff. In jene Zeit fielen andererseits prestigeträchtige Neubauten, wie das Opernhaus und Neue Gewandhaus, sowie der Ausbau der Sportstadt mit Zentralstadion und DHfK. In den 1950er-Jahren entstanden Wohnanlagen im Stil der „Nationalen Tradition", wie am Roßplatz, in der Windmühlenstraße und Jahnallee. Seit den 1970er-Jahren versuchte man dem Wohnungsmangel mit riesigen Plattenbaugebieten am Stadtrand zu begegnen, wie in Grünau, Schönefeld und Paunsdorf. Dem stand die weitgehende Vernachlässigung des großen gründerzeitlichen Erbes gegenüber.

Der problematische Umgang der Staatspartei SED mit dem Kulturerbe hat sich durch keinen anderen Willkürakt so nachhaltig in das kollektive Gedächtnis der Leipziger eingebrannt wie durch die Sprengung der Universitätskirche

St. Pauli im aufgewühlten Jahr 1968. Während im Westen die 68er-Bewegung die Nachkriegs-Bundesrepublik in Aufruhr versetze und in der Tschechoslowakei mit dem „Prager Frühling" unter KPČ-Chef Alexander Dubček der Aufbruch zu einem „Sozialismus mit menschlichem Antlitz" zu beginnen schien, sorgte in Leipzig die Umgestaltung des Augustusplatzes für große Empörung. Die 1953 so benannte Karl-Marx-Universität sollte an dem repräsentativen Platz, der von 1945 bis 1990 als Karl-Marx-Platz firmierte, einen neuen sozialistischen Campus erhalten. Neben dem Abriss des kriegsgeschädigten Augusteums wurde hierfür am 30. Mai 1968 die völlig intakte Paulinerkirche gesprengt. Dem von SED-Bezirkssekretär Paul Fröhlich initiierten und von SED-Generalsekretär Walter Ulbricht, einem gebürtigen Leipziger, autorisierten Akt der Kulturbarbarei hatten zuvor die Universitätsleitung und die Stadtverordnetenversammlung zugestimmt. Aus Universität und Bevölkerung gab es freilich viel Widerspruch, der bis hin zu Stasi-Überwachung und Haftstrafen unterdrückt wurde.

Ringbebauung der DDR-Zeit am Roßplatz mit „Ring-Café".

48 Wir sind das Volk! Die Heldenstadt Leipzig 1989

Die „Heldenstadt" Leipzig gab der Friedlichen Revolution in der DDR 1989 entscheidende Impulse. Als Auslöser gilt hierbei die gewaltfreie „Montagsdemo" mit ihrem Ruf „Wir sind das Volk!" am 9. Oktober 1989 mit 70.000 Teilnehmern.

Seit der Niederschlagung des Volksaufstands vom 17. Juni 1953, bei dem Leipzig zu den Zentren gehört hatte, schien die SED-Herrschaft gesichert. Wesentlich hierfür verantwortlich zeichnete das Ministerium für Staatssicherheit (MfS) mit seiner massiv ausgebauten Bezirksverwaltung am Dittrichring. Heute informiert dort die Gedenkstätte „Runde Ecke" über die Stasi. Mit dem Mauerbau 1961 war zudem der Weg in den Westen weitgehend verbaut, wie ihn auch Tausende Leipziger zuvor gegangen waren. Nur noch selten wagte sich Protest an die Öffentlichkeit, wie bei der „Leipziger Beatdemo" 1965, als Volkspolizei und Stasi eine Demonstration jugendlicher Beat-Fans gewaltsam auflösten. In den 1980er-Jahren lag schließlich über der DDR eine bleierne Atmosphäre, die in Leipzig mit seiner maroden Bausubstanz und Umweltverschmutzung besonders deutlich zu spüren war. Plastisch vor Augen führt dies Erich Loest in seinem prominent verfilmten Roman „Nikolaikirche" (1995), der die Friedliche Revolution anhand einer Familiengeschichte thematisiert.

Zugleich hatte sich die sächsische Metropole, in der sich jedes Jahr zur Messe Menschen aus Ost und West trafen, aber auch eine gewisse Weltoffenheit bewahrt. So gab nicht zufällig Leipzig der Friedlichen Revolution vom Herbst 1989 die entscheidenden Impulse. Ihren Ausgangspunkt nahm diese am 9. Oktober 1989 vom Friedensgebet in der Nikolaikirche mit Pfarrer Christian Führer. Jene wöchentlichen Gebete fanden seit 1982 jeweils montags statt. Hieran erinnert seit 1999 auf dem Vorplatz ein Denkmal in Form der palmengekrönten Säulen in der Kirche. Von dort setzte sich die wegweisende Leipziger „Montagsdemo" mit 70.000 Demonstranten entlang des Stadtrings in Gang, wobei die bewaffneten Sicherheitskräfte nicht zum Einsatz kamen. Drei Parteisekretäre, ein Professor, Kabarettist Bernd-Lutz Lange und Gewandhaus-Kapellmeister Kurt Masur forderten mit dem „Aufruf der Sechs" zu gewaltlosem Dialog auf. Die Rufe der Leipziger „Wir sind das Volk!" und „Keine Gewalt!" rüttelten von der Pleißestadt aus das ganze Land auf. Unter Anspielung auf einen sowjetischen Ehrentitel, den man Städten für besondere Verdienste im Zweiten Weltkrieg verliehen hatte, war bald von der „Heldenstadt" Leipzig die Rede.

Ausgehend hiervon dynamisierte sich der Verfall der SED-Herrschaft. Am 3. November trat Oberbürgermeister Bernd Seidel zurück, am 5. November Bezirkssekretär Horst Schumann und am 14. November Rudolf Röhrer, Chefredakteur der „Leipziger Volkszeitung", die sich vom SED-Bezirksorgan zur unabhängigen Tageszeitung wandelte. Der Mauerfall

Denkmal für die Friedliche Revolution vor der Nikolaikirche.

vom 9. November 1989 symbolisiert den Umbruch hin zur deutschen Einheit – aus „Wir sind das Volk!" wurde „Wir sind ein Volk!". Die Volkskammerwahl am 18. März 1990 brachte in Leipzig wie in der gesamten DDR einen deutlichen Sieg der CDU-geführten „Allianz für Deutschland" von rund 50 Prozent. Seit der Wiedervereinigung Deutschlands am 3. Oktober 1990 gehört Leipzig wieder zum Freistaat Sachsen. Seine besondere Rolle 1989/90 wird auch mit dem Zeitgeschichtlichen Forum der Stiftung Haus der Geschichte Bonn in der Grimmaischen Straße gewürdigt. Das Museum thematisiert anschaulich die Geschichte von der deutschen Teilung bis zum vereinten Deutschland. Vor dem Gebäude steht die beeindruckende Plastik „Der Jahrhundertschritt" (1984) des Leipziger Künstlers Wolfgang Mattheuer, die als Parabel auf das „Zeitalter der Extreme" im 20. Jahrhundert mit seinen Kriegen und Diktaturen gilt.

49 Vergangenheit und Zukunft

Leipzig seit 1990

1990 begann in Leipzig ein beachtlicher Aufbruch in Städtebau, Kultur, Wirtschaft und Verkehr. Ohne in allen Bereichen wieder gänzlich an das frühe 20. Jahrhundert anknüpfen zu können, vollzog sich die Renaissance als weltoffene Metropole.

Für den Aufbruch seit 1990 steht wohl am sinnfälligsten das gewandelte Stadtbild mit seinen symbolträchtigen Baudenkmalen wie der Paulinerkirche am Augustusplatz. Die 1968 gesprengte Kloster- und Universitätskirche kehrte 2017 als moderne Adaption „Paulinum" zurück und fügte sich in die weitgehend sanierte und rekonstruierte Leipziger Innenstadt ein. Die Wiedererstehung des Historismus der Gründerzeit wurde dabei zur identitätsstiften „neuen Gründerzeit". An dieser wirkten auch Glücksritter wie der 1995 wegen Betrugs verhaftete Bauunternehmer Jürgen Schneider mit. Darüber hinaus entstanden markante Neubauten wie die Einkaufspassage „Höfe am Brühl" (2012), in die die Metallfassade des Konsument-Warenhauses integriert wurde. Auch der Hauptbahnhof ergänzt mit seinen neuen Promenaden (1997) die Einkaufstempel der City.

Der 1989 akut vom Verfall bedrohte Gründerzeitgürtel hat sich zur beliebten Wohnlage gewandelt, Industriedenkmale erhielten neue Nutzungen und das Fluss- und Kanalnetz wurde wieder erlebbar gemacht. Hierbei fand die aufstrebende Leipziger Kreativwirtschaft, etwa mit der Baumwollspinnerei in Plagwitz, eine Heimstatt. Im Kulturbereich kam es zu spektakulären Neubauten wie dem Museum der bildenden Künste 2004 nahe dem Markt. Auch in der zeitgenössischen Kunst machte sich die Stadt mit der Neuen Leipziger Schule weiter einen Namen. Neue bzw. aufgewertete Freizeitoasen wie das Leipziger Neuseenland und der Zoo bereicherten das Kulturleben im weiteren Sinne.

Die wirtschaftliche Entwicklung war zunächst vom Zusammenbruch der DDR-Planwirtschaft und dem Verlust von mehr als 80 Prozent der Industriearbeitsplätze gekennzeichnet. Dies wurde jedoch durch neue Branchen, wie Automobilbau (Porsche, BMW) und Logistik, sowie den Aufschwung des Dienstleistungs-, Wissenschafts- und Verwaltungszentrums aufgefangen. Die Messe bekam 1996 einen modernen Neubau. Wieder spielte bei alledem der Verkehr eine wichtige Rolle. Die Autobahn-Anbindung wurde mit einem Ring um den Ballungsraum Leipzig/Halle ausgebaut. 2017 nahm die ICE-Trasse Berlin–München über Leipzig ihren Betrieb auf, 2013 der City-Tunnel für die S-Bahn Mitteldeutschland. Der Flughafen Leipzig/Halle wurde modernisiert und Schwerpunkt des Luftfrachtverkehrs.

Ohne wieder gänzlich an das frühe 20. Jahrhundert anknüpfen zu können, vollzog sich so die Renaissance als weltoffene Metropole. Deren Selbstbewusstsein

Einkaufzentrum „Höfe am Brühl“.

spiegelt sich etwa in der eindrucksvollen Bewerbung um die Olympischen Sommerspiele 2012. Diese Entwicklung schlägt sich auch in der Bevölkerungszahl nieder. Betrug diese – nach einst mehr als 700.000 – 1989 noch 545.000 und fiel 1998 gar auf 437.000, so zählt Leipzig heute als mit am schnellsten wachsende Großstadt Deutschlands wieder gut 600.000 Einwohner. Damit rangiert es an 8. Stelle hinter Berlin, Hamburg, München, Köln, Frankfurt, Stuttgart und Düsseldorf. Bei aller Dynamik lebt Leipzig aber auch von seiner großen, im kollektiven Gedächtnis fest verankerten Geschichte. Diese wird erinnerungskulturell gepflegt, allen voran im Stadtgeschichtlichen Museum und im Stadtarchiv. Auch die Historiografie verfügt mit der vierbändigen „Geschichte der Stadt Leipzig“ (2015/19) über eine opulente Gesamtdarstellung, wie sie nur wenige deutsche Städte vorweisen können.

50 Von der MIRAG zum MDR
Die mitteldeutsche Medienstadt

Das urbane Zentrum Mitteldeutschlands gilt auch als wichtigste Medienstadt der Region. Schon 1924 bündelte die MIRAG von Leipzig aus den Rundfunkbetrieb, woran seit 1991 der MDR als Dreiländeranstalt der ARD anknüpft.

Leipzig ist das urbane Zentrum jener Region, die heute gemeinhin als Mitteldeutschland bezeichnet wird und die Bundesländer Sachsen, Sachsen-Anhalt und Thüringen umfasst. An der Schwelle zur Neuzeit um 1500 verfügten hier die Wettiner über ein mächtiges Territorium. Sie waren Kurfürsten von Sachsen, Markgrafen von Meißen, Landgrafen von Thüringen und besetzten die Bischofsstühle in Magdeburg und Halberstadt. Allerdings sollte es nicht zu einem mitteldeutschen „Großsachsen" kommen. Die Wettiner hatten hieran mit ihren Erbteilungen selbst einen erheblichen Anteil. Stattdessen mündete die historische Entwicklung 1945 und endgültig 1990 in die heutigen drei Länder, wobei es besonders in Sachsen und Thüringen ein fest verwurzeltes Landesbewusstsein gibt.

Seit den 1920er-Jahren führte man aber parallel hierzu Debatten um ein Großland Mitteldeutschland, das die Potenziale der Region bündeln sollte. So schlug Ehrhard Hübener, Landeshauptmann der preußischen Provinz Sachsen und später erster Ministerpräsident von Sachsen-Anhalt, 1929 die Bildung jener drei genannten Länder in einem engeren Verbund Mitteldeutschland vor. Darüber hinaus gab und gibt es bis in die jüngste Vergangenheit auch Initiativen für ein Land Mitteldeutschland, in dem Leipzig wohl die Hauptstadtrolle zufallen würde. So wie aber schon zuvor alle Initiativen letztlich im Sande verlaufen waren, wurde auch ein vom Raum Leipzig/Halle ausgehendes „Volksbegehren Mitteldeutschland" 2019 vom Bundesverfassungsgericht abgelehnt.

Kam und kommt es wohl auch in absehbarer Zeit nicht zu einem Bundesland Mitteldeutschland, so bündelt Leipzig gleichwohl eine Reihe von regionalen Funktionen. Am deutlichsten zeigt sich dies im Bereich der Medien. Leipzig, seinerzeit noch die beherrschende Buch- und Druckereistadt Deutschlands, schwang sich auch beim Rundfunk zum Zentrum auf. Am 22. Januar 1924 trat die Mitteldeutsche Rundfunk AG – Gesellschaft für drahtlose Unterhaltung und Belehrung Leipzig ins Leben. Die MIRAG startete mit einem Kapital von 80.000 Goldmark. Hauptaktionär war das Presseunternehmen Edgar Herfurth & Co. KG. Herfurth gehörte zu den deutschen Zeitungsmagnaten und gab unter anderem die „Leipziger Neuesten Nachrichten" heraus, das führende bürgerliche Blatt neben der sozialdemokratischen „Leipziger Volkszeitung".

Vom Privatunternehmen MIRAG spannt sich der Bogen bis hin zum öffentlich-rechtlichen MDR. Schon in den 1920er-Jahren wurde der gesamte

MDR-Zentrale mit Hochhaus im ehemaligen Schlachthof.

mitteldeutsche Raum versorgt. Der „Reichssender Leipzig“ unterstand in der NS-Diktatur seit 1934 der zentralen Reichs-Rundfunk-Gesellschaft. 1946 nahm der Mitteldeutsche Rundfunk erneut seinen Betrieb auf, fiel aber wiederum 1952 der Zentralisierung in der DDR zum Opfer. Fortan strahlte das Funkhaus Leipzig die Sendungen von Radio DDR I und II aus. Mit der deutschen Wiedervereinigung wurde schließlich 1991 der Mitteldeutsche Rundfunk als Dreiländeranstalt der ARD für Sachsen, Sachsen-Anhalt und Thüringen gegründet. Der MDR nahm 1992 mit Hauptsitz in Leipzig den Fernseh- und Radiobetrieb auf. Waren die Vorläufer unter anderem in der Alten Waage am Markt und im Funkhaus Springerstraße untergebracht, so sendet der MDR seit 2000 aus seinem neuen Domizil auf dem ehemaligen Schlachthofgelände in der Südvorstadt mit dem markanten Hochhaus. Damit gilt Leipzig, auch dank vieler weiterer Unternehmen der Branche, wieder als die mitteldeutsche Medienstadt.

51 Elefant, Tiger & Co.
Der Zoo Leipzig

Der Zoo Leipzig gehört zu den ältesten und profiliertesten in Deutschland. Nach 1990 konnte er seine Attraktivität als „Zoo der Zukunft" mit ambitionierten Projekten wie dem Tropenhaus Gondwanaland und einer beliebten MDR-Serie erheblich steigern.

Der Leipziger Zoo geht als einer der ältesten Deutschlands auf eine Privatinitiative zurück. Am 9. Juni 1878 öffnete Gastwirt Ernst Pinkert auf dem Ratsgut Pfaffendorf einen Tierpark. Um die Attraktivität des „Pfaffendorfer Hofes" zu steigern, hatte er schon zuvor exotische Tiere ausgestellt. Nun entstanden auf dem Areal am Rosental erste Einrichtungen wie das Alte Raubtierhaus. Nur wenige Gehminuten vom Zentrum der expandierenden Industriegroßstadt entfernt, wurde der Zoo zur beliebten Freizeitoase. Hierzu trugen auch die aus heutiger Sicht problematischen „Völkerschauen" bei, bei denen „Naturvölker" wie Afrikaner und Samoaner aus den deutschen Kolonien gezeigt wurden. Im 1899 zur Aktiengesellschaft umgewandelten Zoo entstanden weitere Attraktionen wie das Neue Raubtierhaus, Affenhaus und Aquarium. Anstelle des „Pfaffendorfer Hofes" eröffnete 1900 als eindrucksvoller Gründerzeitbau das Gesellschaftshaus des Zoos, die heutige Kongreßhalle Leipzig. Auch die Rückschläge des 20. Jahrhunderts mit seinen beiden Weltkriegen konnte der kontinuierlich vergrößerte und seit 1920 kommunale Zoo überwinden. Er gewann international Profil und war besonders für seine Löwen- und Tigerzucht berühmt.

Nach Friedlicher Revolution und Wiedervereinigung 1989/90 nahm der Zoo mit der Renaissance der Metropole Leipzig eine beachtliche Aufwärtsentwicklung. Mit erheblichen Investitionen wurden die nicht mehr den Anforderungen einer artgerechten Tierhaltung genügenden Einrichtungen modernisiert. Viele großzügige Anlagen wurden nach den thematischen Schwerpunkten Afrika, Asien, Südamerika, Gründer-Garten, Pongoland und Gondwanaland völlig neu errichtet. Kiwara-Savanne und Löwen-Savanne versetzen den Besucher nach Afrika, Elefantentempel Ganesha Mandir, Tiger-Taiga und Himalaya nach Asien usw. Höhepunkt war 2011 die Eröffnung des gigantischen Tropenhauses Gondwanaland. Es ist benannt nach Gondwana, dem Urkontinent der Südhalbkugel. In der 16.500 Quadratmeter großen Halle werden bei Temperaturen von 25 °C und einer Luftfeuchtigkeit von bis zu 100 Prozent etwa 100 Tierarten sowie 17.000 tropische Pflanzen gezeigt. Der Zoo konnte so seinen traditionell guten Ruf erneuern. Im renommierten Sheridan-Zoo-Ranking belegt er seit Jahren einen Spitzenplatz in Europa.

Und der Zoo Leipzig erfreut sich dank all dieser Aktivitäten wachsender Beliebtheit bei Einheimischen und Gästen der Stadt. Hierfür wurde auch die Infrastruktur von der Gastronomie

Historischer Haupteingang des Zoos.

bis zum Zoo-Parkhaus am Eingang in der Pfaffendorfer Straße ausgebaut. Die Besucherzahlen entwickelten sich mit dem Projekt „Zoo der Zukunft" sehr dynamisch. Waren es 2000 noch 750.000 Besucher, so zählte der Zoo im letzten Vor-Corona-Jahr 2019 bereits 1,8 Millionen. Der absolute Höchstwert betrug 2012 nach der Eröffnung des Gondwanalands 2,1 Millionen Besucher. Und selbst in den Corona-Jahren 2020 und 2021 mit ihren Einschränkungen und Schließungen waren es noch rund 1,3 Millionen. Zur Popularität trägt nicht zuletzt die seit 2003 ausgestrahlte MDR-Doku „Elefant, Tiger & Co." bei. Sie macht als erfolgreichste Zoo-Serie Deutschlands das Geschehen auch hinter den Kulissen jeden Freitag für Hunderttausende Zuschauer miterlebbar. Akteure wie Sprecher Christian Steyer, Direktor Dieter Hunold und Tierpfleger Jörg Gräser, aber auch Löwen-Baby „Malik", Lama „Horst", Alpaka „Harry" und Opossum „Heidi" wurden zu echten Medienstars.

52 Aufbruch zu neuen Ufern
Das Leipziger Neuseenland

Die Verwandlung der umliegenden Braunkohletagebaue zu einem Natur- und Freizeitparadies gehört zur Erfolgsgeschichte der Stadt Leipzig nach 1990. Das Neuseenland ist durch den neuen Stadthafen direkt mit dem Zentrum der Wasserstadt verbunden.

Die Industrialisierung Mitteldeutschlands im 19. und 20. Jahrhundert wurde maßgeblich befördert durch den Reichtum an Rohstoffen, allen voran den reichen Braunkohlevorkommen. Deren Abbau im ausgedehnten Bergbaurevier um den Ballungsraum Leipzig/Halle veränderte einschneidend die alte Kulturlandschaft. Riesige Tagebaue machten aus ländlichen Idyllen expressionistisch anmutende Mondlandschaften. Die weitgehende Abhängigkeit der DDR von der Braunkohle als Energieträger und Rohstoff ließ auch zahlreiche Dörfer verschwinden und schob die Tagebaue nahe an die Städte heran, allen voran an die mitteldeutsche Industriemetropole Leipzig. Bergbau, Energie und Chemie gaben zwar im Umfeld der Stadt Tausenden Menschen Lohn und Brot, sorgten aber auch für eine katastrophale Umweltverschmutzung. So wurde das von Smog und Braunkohlestaub überzogene Leipzig mit seinen ökologisch toten Flussläufen geradezu zum Synonym für die Fehlentwicklungen der DDR-Wirtschaft. Nicht zuletzt hier setzte auch die Kritik von kirchlichen und bürgerbewegten Gruppen an, die in die Friedliche Revolution 1989 mündete.

Umso bemerkenswerter ist der Wandlungsprozess seit der Friedlichen Revolution und deutschen Wiedervereinigung 1989/90. Während heute die letzten aktiven Tagebaue im Rahmen der Energiewende in Deutschland ihrem Ende entgegensehen, haben sich viele bereits zu Seen in völlig neuen Landschaften gewandelt. Beispielhaft deutlich wird dies am Leipziger Neuseenland, Teil der großen Bergbaufolgelandschaft

Mitteldeutsches Seenland. Es bildet ein wesentliches Element der jüngsten Erfolgsgeschichte Leipzigs, das sich zu einer Stadt mit hoher Lebensqualität und Anziehungskraft entwickelt hat. Aus den gefluteten Tagebaurestlöchern südlich der Stadt entstand seit dem Jahr 2000 um den Cospudener, Zwenkauer, Markkleeberger und Störmthaler See eine neue grüne Naherholungslandschaft, die sich organisch ins Umland fortsetzt. Hinzu kommen eine Reihe weiterer Seen rund um die Stadt wie der schon in der späten DDR-Zeit geflutete Kulkwitzer See im Westen nahe dem Plattenbaugebiet Grünau und der Schladitzer See im Norden.

Die großen Seen werden gesäumt von belebten Strandbädern und -gaststätten, von Yachthäfen, Campingplätzen, Ferienanlagen und Aussichtspunkten. Am Markleeberger See entstand im Rahmen der Bewerbung Leipzigs um die Olympischen Spiele 2012 mit dem Kanupark Markleeberg die neben Augsburg einzige weltcuptaugliche künstliche Wildwasseranlage in Deutschland. Zwischen Cospudener und Zwenkauer See mit eigener Abfahrt an der neuen Autobahn 38 öffnete 2003 mit „Belantis" einer der größten deutschen Freizeitparks. Das Neuseenland ist zudem über Flussläufe und Kanäle mit dem Stadtzentrum verbunden. Zum Herzstück der Wasserstadt mit ihren 300 Kilometern an teils wieder freigelegten Flussläufen entwickelt sich der 2014 eröffnete Stadthafen am Elstermühlgraben – nur einen Steinwurf vom Neuen Rathaus entfernt. Das „Tor zum Leipziger Neuseenland" mit seinen Freizeit- und Gastronomieangeboten gehört zu den ambitionierten städtebaulichen Projekten der „Boomtown" Leipzig. Nach 1990 ist man gerade in den einstigen Arbeiter- und Industrievierteln des Westens an Weißer Elster und Karl-Heine-Kanal mit attraktiven Wohngebieten buchstäblich zu neuen Ufern aufgebrochen.

Cospudener See.

53 Messehalle und Stadtarchiv
Der Sowjetische Pavillon

Das Stadtarchiv Leipzig bewahrt als eines der bedeutendsten Kommunalarchive die wichtigsten Quellen der Stadtgeschichte seit dem Stadtbrief von 1165 auf. Untergebracht ist es im einstigen Sowjetischen Pavillon des Alten Messegeländes.

Das Stadtarchiv Leipzig gilt neben dem Stadtgeschichtlichen Museum als „historisches Gedächtnis der Stadt". Es dokumentiert die Geschichte mit Belegen seit dem Mittelalter in Form von Urkunden, Akten, Geschäftsbüchern, Zeitungen und Druckschriften, Karten und Plänen, Fotos und Postkarten. Die mehr als 4.000 Urkunden reichen vom Leipziger Stadtbrief um 1165 als „Geburtsurkunde" der Stadt bis in die Mitte des 19. Jahrhunderts. Das Stadtarchiv zählt damit zu den bedeutendsten kommunalen Archiven in Deutschland. Es macht seine reichen Bestände für Wissenschaft und Öffentlichkeit zugänglich und bringt sich aktiv in die Erinnerungskultur ein.

Das Archiv war ursprünglich in einer Geheimkammer unter der Ratsstube des Alten Rathauses und ab 1924 im Neuen Rathaus untergebracht. 2019 zog es in ein außergewöhnliches Gebäude um, den einstigen Sowjetischen Pavillon auf dem Alten Messegelände. Mit dem Bau der Technischen Messe an der Straße des 18. Oktober hatte Leipzig in den 1920er-Jahren einen wichtigen Schritt zum modernen Messestandort gemacht. 1924 war das Gebäude für den Verein Deutscher Werkzeugmaschinenfabriken als größter Hallenbau Deutschlands errichtet worden. Der repräsentative Kopfbau beherbergte u.a. die Verwaltungsräume der Messe- und Ausstellungs AG, die dreischiffige Halle diente den Ausstellungen.

Gleichzeitig fanden dort zahlreiche sportliche Großereignisse statt, wie Sechstagerennen, Boxkämpfe und Bundeskegeln. Hierfür hatte man den Bau unter dem Namen „Achilleion" 1927 zur Sporthalle für 8.000 Zuschauer umgebaut. Auch nach dem Zweiten Weltkrieg und dem Umbau zur 1952 eingeweihten Ausstellungshalle der Sowjetunion setzte sich die duale Nutzung als Messehalle 12 und als Veranstaltungsort fort. Die Präsentation der UdSSR, der Hegemonialmacht des sozialistischen Militär- und Wirtschaftsbündnisses, unterstreicht die herausragende Bedeutung der Halle. Noch immer erinnert hieran der Spitzturm über dem Portikus mit dem markanten Sowjetstern.

Mit der Einweihung des Neuen Messegeländes 1996 begann die Umnutzung des nunmehr Alten Messegeländes für Gewerbe, Freizeit und Kultur. Der Einzug des Stadtarchivs in den sanierten Messepavillon darf hierbei als Meilenstein gelten. Dort herrschen beste Arbeitsbedingungen. Das Gebäude enthält einen Forschungs-, Vortrags- und Urkundensaal, moderne Büroräume und ein riesiges Magazin. Auf die Stadtgeschichte verweist auch ein großes Wandbild im

Forschungssaal. Eine Karte zeigt das mittelalterliche Leipzig im Schnittpunkt der großen europäischen Handelsstraßen, während rundum die wichtigsten Orte, Ereignisse und Personen gruppiert sind.

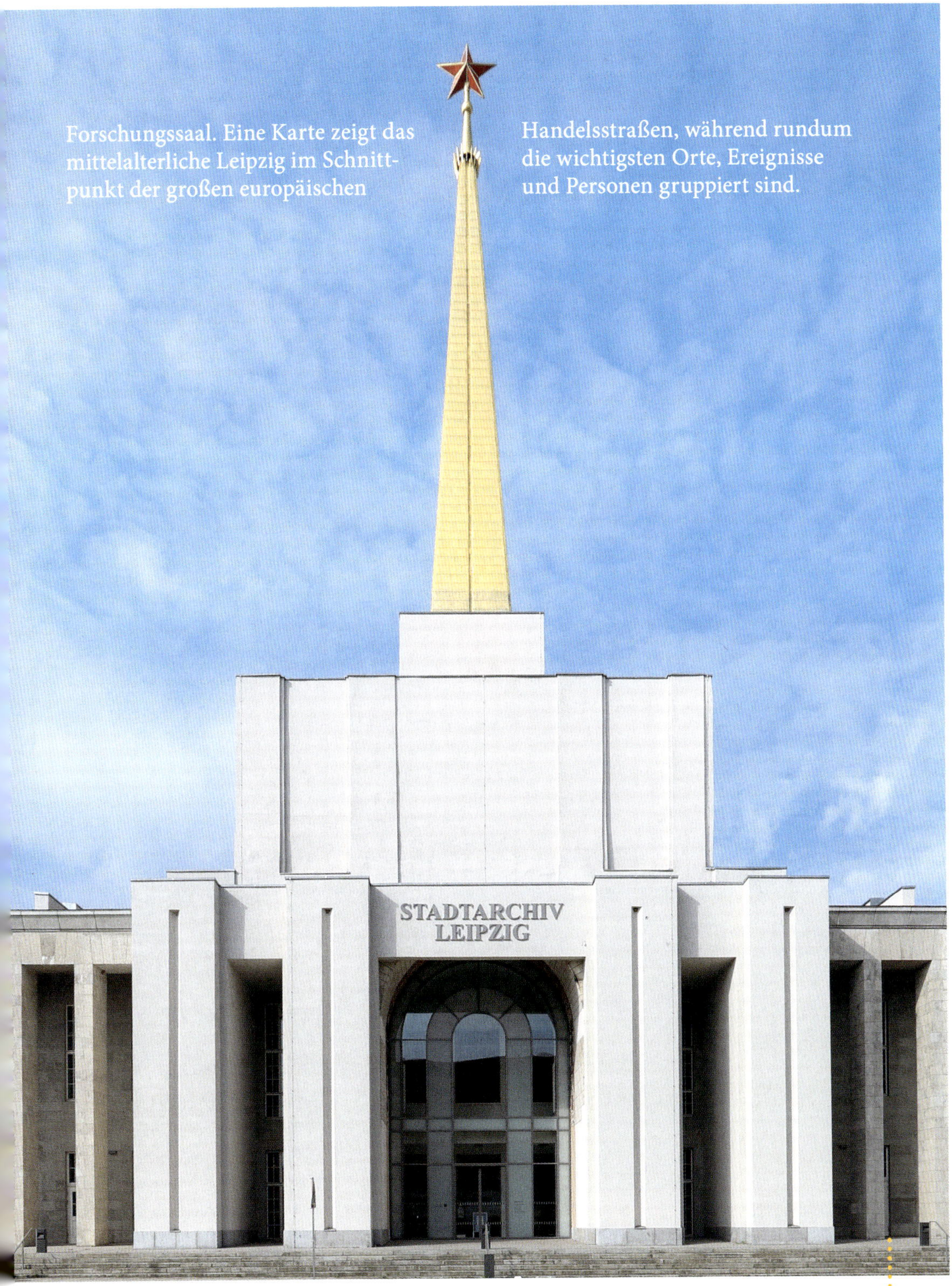

Stadtarchiv Leipzig im ehemaligen Sowjetischen Pavillon.

54 Historisches Gedächtnis
Das Stadtgeschichtliche Museum

Das Stadtgeschichtliche Museum im prächtigen Alten Rathaus steht für die wohlhabende und selbstbewusste Bürgerstadt Leipzig. Der dortige Überblick über die gesamte Stadtgeschichte wird ergänzt durch weitere spezialisierte Themenmuseen.

Nur bei wenigen Museen gehen inhaltliche Ausrichtung und bauliche Hülle eine so enge Symbiose ein wie beim Stadtgeschichtlichen Museum Leipzig im Alten Rathaus. Das Rathaus geht zurück auf 1360 erstmals als „rathus" erwähnte Vorgänger. Seine prächtige Ausformung als Renaissancebau erhielt es 1556 unter dem einflussreichen Ratsherrn und Bürgermeister Hieronymus Lotter. Bis zur Einweihung des Neuen Rathauses 1905 fungierte das nunmehrige Alte Rathaus als Herzstück der kommunalen Selbstverwaltung. Hiervon künden der prächtige Festsaal mit der Galerie der (Ober-) Bürgermeister und die Ratsstube mit der darunter liegenden Schatzkammer. Damit steht das Gebäude für die historische DNA Leipzigs als selbstbewusste Bürgerstadt. Die Ausstellung des Museums hält viele Zeugnisse aus dem Leben der Bürger, der reichen Fernkaufleute, der in dutzenden Innungen organisierten Handwerker und Kleinhändler, aber auch der Unterschichten bereit.

Wichtige Impulse für die Erforschung und Popularisierung der Stadtgeschichte gab der 1867 gegründete Verein für die Geschichte Leipzigs, in dessen Nachfolge heute der Leipziger Geschichtsverein steht. Neben einer umfassenden Publikations- und Veranstaltungstätigkeit trug er auch

Festsaal im Alten Rathaus.

Stadtgeschichtliches Museum im Alten Rathaus.

eine umfangreiche stadtgeschichtliche Sammlung zusammen. 1906 übereignete der Verein diese der Stadt Leipzig, die drei Jahre später im hierfür umgebauten Alten Rathaus das Stadtgeschichtliche Museum mit einer Sonderschau zum 500. Universitäts-Jubiläum eröffnete. Im 20. Jahrhundert erlebte das Museum mit seiner kontinuierlich ausgebauten Sammlung viele Brüche, ehe 1990 unter dem traditionellen Namen ein Neustart erfolgte. Das aus bürgerschaftlicher Initiative heraus entstandene Museum muss auch heute nicht auf entsprechende Unterstützung verzichten. Seit 1996 fördert die Hieronymus-Lotter-Gesellschaft Restaurierung, Objektankäufe, Ausstellungen u.v.a.m. Benannt ist sie nach jenem Bürgermeister, der für den Renaissanceumbau des Rathauses verantwortlich zeichnete.

Das Alte Rathaus bietet heute als „historisches Gedächtnis der Stadt“ einen umfassenden Überblick zur Stadtgeschichte mit vielen modernen Angeboten. Es ist freilich nur das Flaggschiff der musealen Erinnerungskultur der Stadt, eskortiert von weiteren spezialisierten Themenmuseen. Mit der Sanierung und Rekonstruktion der Innenstadt erhielt das Museum mit dem „Haus Böttchergäßchen“ einen Neubau für Verwaltung, Sammlung und Sonderausstellungen sowie das Kindermuseum. Hier ist auch der dem Museum eng verbundene Geschichtsverein ansässig. Spezialisierte Themenmuseen unter der Obhut des Stadtgeschichtlichen Museums, die wichtige Facetten der Stadtgeschichte abbilden, sind das Völkerschlachtdenkmal mit Dauerausstellung und FORUM 1813, das Schillerhaus in Gohlis, das Museum „Zum Arabischen Coffe Baum“, die Alte Börse als stilvoller Veranstaltungsort und das Sportmuseum.

55 Leipziger Allerlei
Kulinarik von der Pleiße

Kulinarische Besonderheiten gehören zum Selbstverständnis einer Stadt. Die Pleißestadt hat von ihrer berühmten Gemüsemischung Leipziger Allerlei und den Leipziger Lerchen bis hin zur großen Kaffeehaustradition und Leipziger Gose einiges zu bieten.

Zum historischen Selbstverständnis einer Stadt gehören auch kulinarische Besonderheiten. Diese können zugleich den Bekanntheitsgrad steigern, das Interesse bei Besuchern wecken und im Idealfall als Multiplikatoren durch den Magen wirken. Leipzig hat gleich mehrere solcher Spezialitäten zu bieten. Buchstäblich in aller Munde ist das Leipziger Allerlei. Jene Mischung aus einheimischen Gemüsesorten kann als eigenständiges Gericht oder als Beilage serviert werden. Hinzu gehören junge Erbsen, Karotten, Spargelköpfe, Sellerie, Grüne Bohnen und Morcheln, bisweilen auch Blumenkohl, Kohlrabi und Zwiebeln. Die ursprüngliche Version wurde nach diversen Rezepturen mit Flusskrebsen, Krebsbutter und Semmelklößchen angerichtet. Das heutige Leipziger Allerlei in Konserven bzw. als Feinfrost im Supermarkt steht dagegen meist synonym für eine eher anspruchslose Mischung aus Erbsen, Karotten und Spargelstücken.

Eine weitere Besonderheit sind die Leipziger Lerchen. Im 18. und 19. Jahrhundert wurden die gefüllten Pasteten tatsächlich aus Singvögeln zubereitet. Leipzig galt sogar als ein Hauptfanggebiet, entsprechende Rezepte waren weit verbreitet. Besonders während der Messe wurde die Delikatesse tausendfach verkauft. Die moderne Tierschutzbewegung nahm aber immer stärker hieran Anstoß, sodass König Albert die Lerchenjagd 1876 verbot. Ging damit zwar eine kulinarische Tradition zu Ende, so überdauerte aber doch der Begriff dank der Findigkeit Leipziger Bäcker. Der Überlieferung nach sollen sie als Ersatz ein Gebäck mit der Andeutung der Verschnürung gebratener Lerchen hergestellt haben. Der Makronen ähnelnde Mürbeteig mit Marzipan- und Marmeladenfüllung wird in jedem gut sortierten Gebäckwarengeschäft angeboten. Und Leipziger Lerchen dürfen auch auf keiner „Kaffeeschüssel“ fehlen, einer für Leipzig typischen Platte mit einer Auswahl kleiner Gebäckstücke.

Womit der Bogen geschlagen wäre zur großen Kaffeehaustradition. Deren Flaggschiff ist neben lebenden Legenden wie dem „Riquet“ mit seinen Elefantenköpfen an der Fassade das Café und Museum „Zum Arabischen Coffe Baum“ in der Kleinen Fleischergasse. In jenem Kulturdenkmal der im wahrsten Wortsinne weltoffenen Messestadt wurde seit 1711 nachweislich Kaffee angeboten. Der „Coffe Baum“ zählt damit zu den ältesten Kaffeeschenken Europas. Auf seiner Gästeliste stehen viele großen Namen: August der Starke, Bach, Goethe, Napoleon, Schumann, Wagner, Bebel, Klinger, Kästner, Masur u.v.a.m. Nur um die Ecke herrscht im Barfußgässchen, das an das Franziskanerkloster erinnert, reges gastronomisches Treiben. Dort

Café und Museum „Zum Arabischen Coffe Baum“.

finden sich Traditionsgasthäuser wie „Zills Tunnel“. Auf deren Getränkekarte steht als Spezialität die „Leipziger Gose“. Jenes obergärige, leicht säuerliche Bier war einst in der „Gosestadt“ sehr beliebt, wurde aber in der DDR-Zeit kaum noch gebraut. Nach 1990 kehrte es zurück und wird wieder gerne mit oder ohne den Leipziger Kümmelschnaps „Allasch“ oder anderen hochprozentigen Zutaten getrunken. Einen speziellen Kultstatus besitzt auch die Leipziger Biermarke Sternburg. Aus dem Rittergut-Brauhaus des Freiherrn Speck von Sternburg in Lützschena von 1822 entwickelte sich eine erfolgreiche Großbrauerei, die sich bis heute am Markt behauptet.

Der Autor

Dr. Steffen Raßloff (Jg. 1968) wirkt als Historiker und Publizist in Erfurt. Er hat zahlreiche Publikationen zur mitteldeutschen Landesgeschichte veröffentlicht, darunter mehrfach aufgelegte Standardwerke, wie „Mitteldeutsche Geschichte. Sachsen – Sachsen-Anhalt – Thüringen" und populärwissenschaftliche Überblicke, wie „Kleine Geschichte Sachsens" und „Kleine Geschichte der Stadt Leipzig". Hierfür wurde Raßloff mehrfach mit Buchpreisen ausgezeichnet. 2018 gehörte er zu den Autoren des Bestsellers „Deutsche Geschichte. Die große Bildenzyklopädie". Raßloff arbeitet zugleich als Kurator und Medienexperte, unter anderem für den MDR.

Bildnachweis

Einband vorne: Shutterstock/Andrey Shcherbukhin; Vorsatz: Shutterstock/Gudrun Hochmuth; S. 2: Shutterstock/katatonia82; S. 7: Shutterstock/Jakob Fischer; S. 9: Staatliches Museum für Archäologie Chemnitz; S. 11: Stadtgeschichtliches Museum Leipzig; S. 12: Till Schuster; S. 13: Public Domain, https://commons.wikimedia.org/w/index.php?curid=1319478; S. 15: Von Krzysztof Golik – Eigenes Werk, CC BY-SA 4.0, https://commons.wikimedia.org/w/index.php?curid=82232362; S. 17: Von Appaloosa – Eigenes Werk, CC BY-SA 3.0, https://commons.wikimedia.org/w/index.php?curid=10950185; S. 19: Alexander Raßloff; S. 21: Stadtarchiv Leipzig; S. 23: Sax-Verlag; S. 25: Stadtgeschichtliches Museum Leipzig; S. 27: Stadtgeschichtliches Museum Leipzig; S. 28/29: Stadtgeschichtliches Museum Leipzig; S. 31: Von Stein53 - Selbst fotografiert, CC BY-SA 4.0, https://commons.wikimedia.org/w/index.php?curid=51925161; S. 33: Von Frank Vincentz – Eigenes Werk, CC BY-SA 3.0, https://commons.wikimedia.org/w/index.php?curid=53281065; S. 35: Stadtgeschichtliches Museum Leipzig; S. 37: Von Lumu (talk) – Eigenes Werk, CC BY-SA 3.0 de, https://commons.wikimedia.org/w/index.php?curid=26251782; S. 38/39: Von Frank Vincentz – Eigenes Werk, CC BY-SA 3.0, https://commons.wikimedia.org/w/index.php?curid=46921812; S. 41: Dr. Steffen Raßloff; S. 43: Von Frank Vincentz – Eigenes Werk, CC BY-SA 3.0, https://commons.wikimedia.org/w/index.php?curid=65174844; S. 45: Von Armin Stock - Wilhelm Wundt Gedenkplakette 2016, Innenhof Universität Leipzig, CC BY-SA 4.0, https://commons.wikimedia.org/w/index.php?curid=55061090; S. 47: Von Appaloosa – Eigenes Werk, CC BY-SA 3.0, https://commons.wikimedia.org/w/index.php?curid=8551835; S. 49: Von Ichwarsnur – Eigenes Werk, CC BY-SA 4.0, https://commons.wikimedia.org/w/index.php?curid=50988884; S. 51: Von Frank Vincentz – Eigenes Werk, CC BY-SA 3.0, https://commons.wikimedia.org/w/index.php?curid=73857332; S. 53: Von Prolineserver – Eigenes Werk, CC BY-SA 3.0, https://commons.wikimedia.org/w/index.php?curid=1839199; S. 54/55: Von Foto: Störfix, Lizenz: Creative Commons by-sa 3.0 de, CC BY-SA 3.0 de, https://commons.wikimedia.org/w/index.php?curid=67007483; S. 57: Von Ichwarsnur – Eigenes Werk, CC BY-SA 4.0, https://commons.wikimedia.org/w/index.php?curid=82082008; S. 59: Von Palauenc05 – Eigenes Werk, CC BY-SA 4.0, https://commons.wikimedia.org/w/index.php?curid=66982263; S. 61: Von Appaloosa – Eigenes Werk, CC BY-SA 3.0, https://commons.wikimedia.org/w/index.php?curid=13300368; S. 63: Von Frank Vincentz – Eigenes Werk, CC BY-SA 3.0, https://commons.wikimedia.org/w/index.php?curid=47115418; S. 65: Von Franz Hanfstaengl - fr:Image:RichardWagner.jpg, where the source was stated as http://www.sr.se/p2/opera/op030419.stm, Gemeinfrei, https://commons.wikimedia.org/w/index.php?curid=55183; S. 66: Von Ichwarsnur – Eigenes Werk, CC BY-SA 4.0, https://commons.wikimedia.org/w/index.php?curid=50986316; S. 69: Museum der bildenden Künste Leipzig; S. 71: Von Appaloosa – Eigenes Werk, CC BY-SA 3.0, https://commons.wikimedia.org/w/index.php?curid=10941241; S. 72/73: Von unbekannt (Verleger: Eckert & Pflug Kunstanstalt Leipzig) - http://www.spinnerei.de/, PD-alt-100,

Bildnachweis

https://de.wikipedia.org/w/index.php?curid=7336775; S. 75: Dr. Steffen Raßloff; S. 76/77: Von Webster – Eigenes Werk, CC BY-SA 3.0, https://commons.wikimedia.org/w/index.php?curid=13291; S. 79: Leipziger Gruppe; S. 81: Von Tuxyso / Wikimedia Commons, CC BY-SA 3.0, https://commons.wikimedia.org/w/index.php?curid=30280687; S. 83: Von Appaloosa – Eigenes Werk, CC BY-SA 3.0, https://commons.wikimedia.org/w/index.php?curid=11327750; S. 84/85: Von Gutdesign.de – Eigenes Werk, CC BY-SA 4.0, https://commons.wikimedia.org/w/index.php?curid=79078121; S. 87: Archiv Deutsches Kleingärtnermuseum in Leipzig e.V.; S. 89: Von André Karwath aka Aka – Eigenes Werk, CC BY-SA 2.5, https://commons.wikimedia.org/w/index.php?curid=3200432; S. 91: Von Arne Müseler / www.arne-mueseler.com, CC BY-SA 3.0 de, https://commons.wikimedia.org/w/index.php?curid=117667479; S. 93: Von Frank Vincentz – Eigenes Werk, CC BY-SA 3.0, https://commons.wikimedia.org/w/index.php?curid=53186026; S. 95: Von Appaloosa – Eigenes Werk, CC BY-SA 3.0, https://commons.wikimedia.org/w/index.php?curid=13058793; S. 97: Von MarcelX42 – Eigenes Werk, CC BY-SA 4.0, https://commons.wikimedia.org/w/index.php?curid=115570459; S. 99: Von Frank Vincentz – Eigenes Werk, CC BY-SA 3.0, https://commons.wikimedia.org/w/index.php?curid=47089338; S. 101: Von Ben-alti - Eigenes Werk, CC BY-SA 3.0 de, https://commons.wikimedia.org/w/index.php?curid=35810781; S. 103: Von Jörg Blobelt – Eigenes Werk, CC BY-SA 4.0, https://commons.wikimedia.org/w/index.php?curid=72889862; S. 105: By Frank Vincentz - Own work, CC BY-SA 3.0, https://commons.wikimedia.org/w/index.php?curid=53185002; S. 107: MDR, Robert Hensel; S. 109: By Frank Vincentz - Own work, CC BY-SA 3.0, https://commons.wikimedia.org/w/index.php?curid=48021949; S. 110/111: Dr. Steffen Raßloff; S. 113: Von Foto: Störfix, Lizenz: Creative Commons by-sa 3.0 de, CC BY-SA 3.0 de, https://commons.wikimedia.org/w/index.php?curid=107635372; S. 114: Stadtgeschichtliches Museum Leipzig; S. 115: Von Krzysztof Golik - Eigenes Werk, CC BY-SA 4.0, https://commons.wikimedia.org/w/index.php?curid=82239058; S. 117: By Frank Vincentz - Own work, CC BY-SA 3.0, https://commons.wikimedia.org/w/index.php?curid=95214698; S. 118: Alexander Hein; Nachsatz: Shutterstock/Jakob Fischer.

Impressum
Sutton Verlag GmbH
Schweickhardtstraße 1
72072 Tübingen
www.suttonverlag.de

ISBN: 978-3-96303-416-9
Printed in Poland by CGS
Gestaltung und Herstellung: Sutton Verlag
Satz: Chris Langohr Design, March

In diesem Buch wird aus Gründen der besseren Lesbarkeit das generische Maskulinum verwendet. Weibliche und anderweitige Geschlechteridentitäten werden dabei ausdrücklich mitgemeint, soweit es für die Aussage erforderlich ist.

Buchhinweise

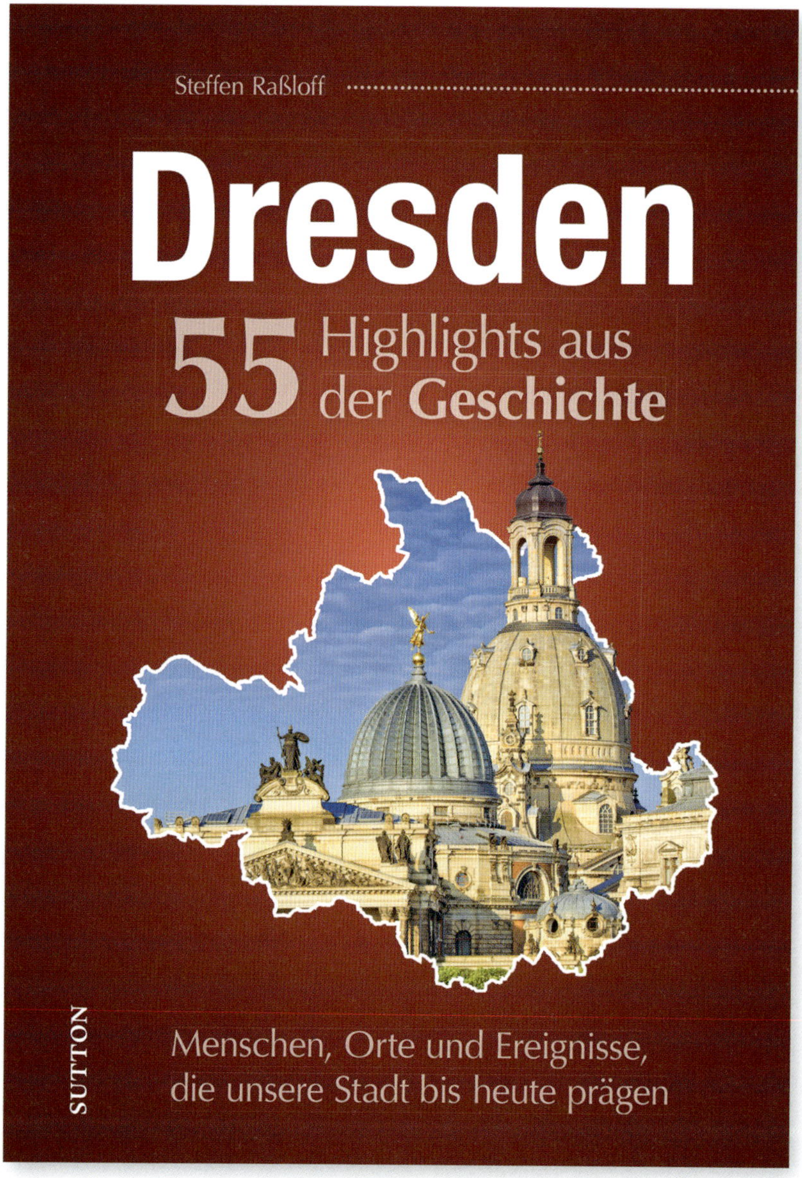

Steffen Raßloff

Dresden. 55 Highlights aus der Geschichte

Menschen, Orte und Ereignisse, die unsere Stadt bis heute prägen

19,99 € | ISBN: 978-3-96303-297-4